W. H Kosters-Leiden

Die Wiederherstellung Israels in der persischen Periode

W. H Kosters-Leiden

Die Wiederherstellung Israels in der persischen Periode

ISBN/EAN: 9783744624152

Hergestellt in Europa, USA, Kanada, Australien, Japan

Cover: Foto ©ninafisch / pixelio.de

Weitere Bücher finden Sie auf **www.hansebooks.com**

Die

Wiederherstellung Israels

in der

persischen Periode.

Eine Studie

von

Prof. Dr. W. H. Kosters-Leiden.

Mit Genehmigung des Verfassers übersetzt

von

A. Basedow.

Heidelberg.

Verlag von J. Hörning.

1895.

Inhalt.

Einleitung.

Alt-Israel war in den verhängnisvollen Jahren 722, 597 und 586 v. Chr. unter den Schlägen der Assyrer und Babylonier zusammengestürzt. Der grösste Teil seiner Bevölkerung war in die Gefangenschaft geführt; was übrig geblieben war, das lebte mitten unter Fremden, die anderswoher nach Palästina verpflanzt oder in das grausam gemisshandelte Land eingedrungen waren. Der Rest Israels lief so Gefahr, durch Verkehr und Verbindung mit diesen vollständig verloren zu gehen. In der That war Grund vorhanden zu der Frage, die Gott an Ezechiel richtete: Menschensohn, werden wohl diese Gebeine wieder lebendig werden? und zu der eben so sehr von Zweifel als von Hoffnung zeugenden Antwort: Herr, Jahwe, du weisst es (Ezech. 37.₃). Dennoch finden wir in Palästina bald ein Volk, das sich rühmt, der rechtmässige Erbe des uralten Israel zu sein und das sich bewusst ist, die von alters her von Gott auserkorene Nation zu sein. Wie ist diese Umwandlung vor sich gegangen? Wie ist aus dem zerstreuten, des Tempels, ja seiner ganzen Existenz als Volk beraubten Israel die jüdische Gemeinde, das neue Israel entstanden? Diese Fragen glaubte man bis vor kurzem dadurch befriedigend beantworten zu können, dass man einfach die in Esra und Nehemia gegebene Schilderung der Wiederherstellung Israels übernahm. Dies vermögen wir jetzt nicht mehr. Der Charakter dieser Bücher verbietet es uns: Neben unzweifelhaft glaubwürdigen Berichten finden wir darin ganz augenscheinlich Erdichtetes; neben Stücken, die von Zeitgenossen abgefasst sind, Stücke, deren Verfasser Jahrhunderte nach den Ereignissen, die sie berichten, lebten; neben Erzählungen, die ohne irgendwelchen Nebenzweck einfach mitteilen, was geschehen ist, solche, die ihren tendenziösen Charakter deutlich an der Stirn tragen. Dazu ist das Ganze zusammengesetzt von einem Manne, der nur einen Teil der Urkunden, die zu seiner Verfügung standen, unverändert übernommen, einen anderen Teil geändert und umgearbeitet, vielleicht einzelne Stücke umgesetzt und nicht selten eins oder das andere de suo hinzugefügt hat. Bedenken wir ferner, dass dieser Redaktor wahrscheinlich kein anderer war, als der Verfasser der Chronik[1]), von dessen Glaubwürdigkeit die Chronik ein nicht gerade günstiges Zeugnis ablegt[2]), so liegt es auf der Hand, dass die uns in Esra-Nehemia von Israels Wiederherstellung gegebene Darstellung einer strengen gewissenhaften Kritik unterworfen werden muss. Obwohl ich das, was in dieser Hinsicht schon gethan ist, wohl zu würdigen weiss, meine ich doch, dass noch gar viel zu thun übrig bleibt, und dass z. B. die Aufeinanderfolge der in diesem Buche erzählten Ereignisse noch lange nicht gehörig festgestellt ist.

Die drei grossen Thatsachen, durch die die Wiederherstellung Israels zu Stande gekommen ist, sind: die Rückkehr der Gefangenen oder der Gola; die Erbauung des Tempels und die Wiederherstellung der Mauer Jerusalems. Die Thatsachen selbst können nicht bezweifelt werden, aber in welcher chronologischen Reihenfolge sie angeordnet werden müssen, steht, meines Erachtens, durchaus noch nicht fest. Im Gegenteil ist es meine Überzeugung, dass die traditionelle, Esra-Nehemia entnommene, fast von allen Gelehrten übernommene Vorstellung von der Priorität der Rückkehr der Gola sich nicht halten lassen wird. In der Geschichte der Wiederherstellung Israels muss diese Rückkehr nicht die erste, sondern die dritte Stelle einnehmen: der Tempel war erbaut, die Mauer Israels wiederhergestellt, bevor die Gola aus Babel zurückgekehrt war.

1) So schon Zunz im Jahre 1832 in der ersten Ausgabe seines Buches „Die gottesdienstlichen Vorträge der Juden" und in der zweiten S. 20 ff.; Prof. Kuenen HkO¹ I bl. 357 64 und HkO² I bl. 442.49. Diese Ansicht wird auch vertreten von Dr. G. Wildeboer in De Letterkunde des Ouden Verbonds naar de Tijdsorde van haar ontstaan (Groningen, J. B. Wolters 1893) bl. 464 481; dagegen meint E. König, Einleitung in das A. T. mit Einschluss der Apokryphen und der Pseudepigraphen Alten Testaments (Bonn 1893) S. 284 f., dass die Identität des Verfassers der Chronik und des Redaktors von Esra sich nicht mit Sicherheit beweisen lasse.

2) S. K. H. Graf, die geschichtlichen Bücher des A. T.; Wellhausen Prolegomena, dritte Ausgabe (1886) S. 175—235; Kuenen HkO²I § 30, 31, 35.

Dies möchte ich in dieser Schrift darthun. Der Weg, den ich bei meiner Untersuchung einschlage, ist dieser: Nach dem Nachweise, dass die Gefangenen weder am Tempel noch an der Mauer Jerusalems mitgebaut haben, gebe ich eine Untersuchung über die Reihenfolge, in der die in der zweiten Hälfte des Nehemia berichteten Ereignisse stattgefunden haben, um darnach festzustellen, welche Stelle die Rückkehr der Gola unter Israel und dessen Massregeln wider die Mischehen (Esra 7 — 10) in der Geschichte der Wiederherstellung Israels eingenommen haben.

1. Kapitel.

Der Tempelbau.

Über die Erbauung des Tempels wird uns Esra 3—6 Folgendes erzählt: Nachdem schon im ersten Jahre nach der Eroberung Babels die Gefangenen mit des Cyrus Erlaubnis in ihr Land zurückgekehrt sind mit dem Auftrage, den Tempel wieder aufzubauen, richten sie im siebenten Monat desselben Jahres den Altar auf und feiern das Laubhüttenfest. Unmittelbar darnach werden Massregeln für den Tempelbau getroffen, so dass schon im zweiten Monat desselben Jahres der Grund zum Tempel gelegt und festlich eingeweiht wurde. Das Werk wird aber durch die feindselige Haltung der Samaritaner gestört: als ihr Versuch, den Tempel mit zu bauen abgeschlagen ist, streben sie darnach, das Unternehmen der Juden zu vereiteln und wissen es in der That dahin zu bringen, dass der Bau bis in's zweite Jahr des Darius ruhen bleibt. In diesem Jahre wird das Werk wieder aufgenommen. Darius, von seinen Amtsleuten davon in Kenntnis gesetzt und um seine Entscheidung in dieser Angelegenheit gebeten, befiehlt nicht allein, die Juden nicht zu hindern, sondern zugleich ihnen alles zum Bau Notwendige zu liefern und Hilfe zu leisten. Nun schreitet das Werk rüstig vorwärts. Im sechsten Jahre des Darius ist es vollendet.

In dieser Darstellung findet sich ein Bericht, der schon von vielen Gelehrten mit guten Gründen als unhistorisch verworfen worden ist; es ist dies der Bericht von der Grundsteinlegung des Tempels im zweiten Jahre nach der Rückkehr[1]).

---

1) S. Kuenen HkO²I bl. 504 v.; De Chronologie van het Perzische tijdvak der Joodsche geschiedenis bl. 14 (286); Stade, Geschichte des Volkes Israel II. S. 115ff.

Es würde genügen, hierüber auf die Darlegungen von K u e n e n
und S t a d e zu verweisen, wenn nicht vor einiger Zeit die Darstellung von Esra 3.₈₋₁₃ in Schutz genommen und gegen alle dagegen vorgebrachten Bedenken aufrecht erhalten worden wäre von
einem Gelehrten, dessen Urteil gehört zu werden verdient. Ich
meine den Professor zu Löwen A. van II o o n a c k e r und seine
Schrift Zorobabel et le second Temple, étude sur la chronologie
des six premiers chapitres du livre d'Esdras (Gand et Leipzig 1892).
Diese Studie nötigt mich, der Untersuchung nach dem Verhältnis
der Gola zum Tempelbau die Besprechung einiger darin gegebenen
exegetischen Erläuterungen voraufgehen zu lassen.

----

§ 1. Der Beginn des Tempelbaus.

Um darzuthun, dass vor 519 mit dem Tempelbau nicht begonnen worden ist, Esra 3.₈₋₁₃ also unhistorisch ist[1]), berufen
sich S c h r a d e r, K u e n e n, S t a d e unter anderem auf das Zeugnis
der Propheten Haggai und Sacharja ben Iddo, nach denen der
Grund zum Tempel erst im zweiten Jahre des Darius gelegt wurde.

Van H o o n a c k e r behauptet, dass die Schriften dieser Männer
weit eher das Gegenteil beweisen[2]). So meint er darthun zu
können, dass Hagg. 2.₁₅₋₁₉, von welcher Stelle K u e n e n sagt:
„hier (V. 18) ist wohl sicherlich der 24. Tag des neunten Monats
des zweiten Jahres des Darius der Tag der Grundsteinlegung;
und von diesem Tage wird der Segen Jahwes zugesagt (V. 19)",
dafür spricht, dass die Grundsteinlegung des Tempels schon einige
Zeit vor dem Zeitpunkte, in dem Haggai spricht, stattgefunden
hatte. Die Entscheidung hängt von der Auffassung des V. 18 ab.
Hier sagt Haggai zu seinen Zeitgenossen: Richtet doch euern Sinn
(auf das was geschehen ist) von diesem Tage an und höher hinaus
(וָמַעְלָה), vom 24. des neunten Monats, לְמִן dem Tage, an dem
der Tempel Jahwes gegründet ist; richtet euern Sinn." Haggai
meint einen Zeitabschnitt der Vergangenheit, dessen eine Grenze

----

1) Über die Gelehrten, die dieser Ansicht beipflichten s. v a n II o o n-
a c k e r b. c. p. 61 suiv.
2) L. c. p. 77—93.
3) H k O² I bl. 505.

der Tag ist, von dem er spricht, der 24. des neunten Monats (von des Darius zweitem Jahre); dass hierbei וָמַעְלָה = „und höher hinaus" zurück und nicht vorwärts weist[1]), das beweist v. H. in Übereinstimmung mit den meisten Auslegern mit Recht. Worauf geht aber, das ist die Frage, die Zeitbestimmung, die mit לְמִן eingeleitet wird? Die einfachste Lösung scheint zu sein, es als nähere Bestimmung des unmittelbar zuvor genannten Zeitpunktes zu betrachten, so dass mit dem Tage der Grundsteinlegung des Tempels der 24. des neunten Monats gemeint wäre; in diesem Falle hätte der Prophet wohl den terminus a quo, nicht aber den terminus ad quem des Zeitabschnittes angegeben. Diese Auffassung bestreitet v. H. Nach ihm giebt Haggai beide Grenzen des von ihm gemeinten Zeitabschnittes an: es ist die Zeit zwischen heute und dem Tage der Grundsteinlegung des Tempels, so dass dem Propheten zu der Zeit, da er sprach, die Grundsteinlegung des Tempels schon zur Vergangenheit gehörte. Diese Behauptung verteidigt er dadurch, dass er zu beweisen versucht, לְמִן bezeichne ebenso wie מִן einen Ausgangspunkt, aber nicht der Zeit oder des Orts, wo sich der Sprecher befindet, sondern einen solchen, der von dem Sprecher in einem gewissen Abstande der Zeit oder des Raumes sich befindet. Diese Nuancierung in der Bedeutung des מִן hat ihren Grund in der Vorsetzung der Partikel לְ, die, wie er sagt, die Aufmerksamkeit auf einen Zeitpunkt der Vergangenheit richtet, von der sie durch die Präposition מִן zurückgeführt wird: „la préposition לְ signifie la direction de l'esprit vers une époque du passé d'où il est ramené par la préposition מִן." Hierbei legt er grosses Gewicht auf die Thatsache, dass mit מִן überall, wo es in Zeitbestimmungen vorkommt, ein von dem Sprecher oder Schreiber entfernter Zeitpunkt eingeführt wird[2]). Haggai hat also dazu ermuntert, die Aufmerksamkeit auf einen Zeitabschnitt der Vergangenheit zu richten, der umschlossen ist von dem heutigen Tage (an dem er spricht) und dem der Grundsteinlegung des Tempels (a die 24 mensis noni usque inde a die templi fundati). Ich meine aber, dass die Beweisführung v. H.s nicht richtig ist. Warum hat der Prophet, wenn er sagen wollte, was ihn v. H. sagen lässt, nicht einfach geschrieben מִיּוֹם . . . .

---

1) Wie es u. a. von Hitzig-Steiner, die zwölf kleinen Propheten S. 331 behauptet wird.

2) S. d. von v. H. angezogenen Stellen l. c. p. 85.

עֵת־הַיּוֹם, oder so wie es in den Stellen, auf die sich v. H. beruft,
der Fall ist und wo לְמִיָּן gebraucht wird von der entfernten Bestimmung im Gegensatz zu einer dicht dabei befindlichen: לְמִן הַיּוֹם
אֲשֶׁר־יֻסַּד .... וְעַד הַיּוֹם הַזֶּה. Dies wäre analog den angezogenen
Beispielen gewesen. In allen diesen Stellen beginnt die Zeit-
und Ortsbestimmung mit לְמִן, worauf dann regelmässig עַד folgt,
aber nirgends beginnt die Zeit- und Ortsbestimmung, wie hier, mit
מִן, während darnach die andere Grenze mit לְמִן eingeleitet wird.
Auch sucht v. H. in לְמִן viel zu viel. Die Partikel לְ lässt gar
nicht erkennen, dass die Präposition, vor der sie steht, sich auf
einen entfernten Punkt der Zeit oder des Raumes bezieht; dies
zeigen alle Stellen, wo לְמִן vorkommt, ohne dass man dabei an
etwas Entferntes oder ganz Nahes denkt: Vom Mann zur Frau;
vom Kleinen zum Grossen; vom Menschen zum Vieh. Hätte man
bei diesen Ausdrücken auch nur einigermassen an das mehr oder
weniger Entfernte gedacht, so hätte man nicht eben so gut לְמִקָּטֹן
וְעַד־גָּדוֹל (II. Chron. 15.₁₃) wie das Umgekehrte sagen können
(Est. 1. ₂₀). In לְמִן liegt also nicht eingeschlossen, dass der Gegenstand, Zeitpunkt oder Ort, der dadurch als Ausgangspunkt bezeichnet wird, sich in einer gewissen Entfernung vom Sprecher
befinde; לְמִן = מִן und das לְ hat keine andere Bedeutung, als dass
es den Ausgangspunkt etwas nachdrücklicher angiebt.

Wäre aber auch die von v. II. gegebene Übersetzung richtig,
so müsste ich doch noch seine Beweisführung bekämpfen und behaupten, dass hier der Zeitpunkt von dem Esra 3. ₈–₁₃ handelt,
nicht gemeint sein kann. Das hängt zusammen mit meiner Auffassung des ganzen Stücks Hagg. 2. ₁₀ ₋₁₉, in dem ja auch die in-
criminierten Worte stehen. Sein Inhalt ist von v. H. nicht ganz
richtig, jedenfalls unvollständig wiedergegeben. Haggai will mit
der zweigliedrigen Frage, die er V. 11 — 14 an die Priester richten
und sie von ihnen beantworten lässt, sagen: Die verunreinigende
Kraft des Unreinen ist viel stärker als die weihende Kraft des
Heiligen; der Zipfel, in dem heiliges Fleisch getragen worden ist,
macht das, was er berührt, nicht heilig; aber derjenige, der etwas
Unreines z. B. eine Leiche, angefasst hat, macht auch dasjenige,
was er berührt, unrein. So ist es auch mit diesem Volke, sagt der
Prophet; d. h. auch dies Volk empfindet, dass die verunreinigende
Kraft des Unreinen stärker ist, als die weihende Kraft des Heiligen.
Dies merken sie, nach V. 19, an dem fortwährenden Misswachse.

Hiermit weist Haggai zurück auf seine frühere Predigt ($1._{5-11}$), in der er gesagt hat, dass die Missernte, die sie erlitten, die Strafe dafür sei, dass sie unterliessen, den Tempel wieder aufzubauen. Unmittelbar nach dieser Predigt haben die Juden mit dem Bau begonnen, und Jahwe hat ihnen das Versprechen gegeben: Ich bin mit euch (V. 12—14). Wenn nun drei Monate später (vgl. $2._{10}$ mit $1._{15}$) die Not noch nicht gewichen ist, und der Prophet, ganz augenscheinlich auf diese Veranlassung hin, zu beweisen sucht, dass die Wirkung des Unreinen stärker ist, als die des Heiligen, dann soll dieser Beweis offenbar zur Ermutigung der Bauleute dienen: Wenn mit dem Beginn des Tempelbaus die Strafe, die die Folge ihrer Trägheit war, nicht sofort aufgehört hat, so sollen sie deshalb den Mut nicht verlieren; die andauernde Not ist noch die Nachwirkung der früheren Versäumnis; aber von nun an wird Gott segnen (V. 19). Ist dies, wie ich meine, die Tendenz von $2._{10-19}$, so ist die Zeit, die der Prophet V. 18 im Sinne hat, nicht diejenige, die von heute und dem zweiten Jahre des Cyrus (Esra $3._{8\ 13}$) begrenzt wird, sondern diejenige, die seit dem Tage, an dem man ans Werk ging ($1._{12\ 14}$) verflossen ist. Von dem Charakter dieser Periode und nicht derjenigen, die ihr vorausgeht, giebt der Prophet eine Erklärung. Lassen wir also die von v. H. vertretene Erklärung von לְמִן gelten, dann müssen wir das $1._{15}$ erwähnte Datum als den Tag festhalten, an dem der Grund des Tempels gelegt ist, und dann bleibt der Streit mit der Esra 3 gegebenen Darstellung bestehen. Ich meine jedoch aus den eben angeführten Gründen derjenigen Auffassung den Vorzug geben zu müssen, nach der לְמִן הַיֹּם nähere Erklärung ist von „der 24. Tag des neunten Monats." Jedenfalls aber spricht Hagg. $2._{18}$ wider die Glaubwürdigkeit von Esra $3._{8-13}$.

Den Stellen Sach. $1._{16}$, $4._9$, $6._{12}$ ff., auf die man sich auch berufen hat, um den unhistorischen Charakter von Esra $3._8$ ff. zu erweisen, kann ich nicht dieselbe Beweiskraft zusprechen wie Hagg. $2._{18}$. Höchstens lassen diese Texte die Annahme zu, dass die Fundamente des Tempels eine gewisse Anzahl Jahre früher gelegt sind.[1]) Lieber bleibe ich etwas bei Sach. $8._9$ f. stehen, einer Stelle, in der ich trotz des Widerspruchs v. H.'s einen Beweis dafür sehe, dass die Grundlegung des Tempels kurz vor der Zeit, in der Sacharja spricht, und nicht 15 Jahre früher stattgefunden hat. Die betreffende Stelle lautet: Also spricht Jahwe der Heerschaaren:

---

1) Wie van Hoonacker p. 63 suiv. behauptet.

Fest seien eure Hände, die ihr dieser Tage diese Worte gehört habt aus dem Munde der Propheten, an dem Tage (Gr. und Syr. vers. seit dem Tage) da das Haus Jahwes der Heerschaaren, der Tempel, gegründet wurde, um erbaut zu werden. Denn vor diesen Tagen ergab sich kein Lohn für die Menschen, und der Lohn für's Vieh, daraus wurde nichts; und wer da aus- und einging, hatte keinen Frieden vor dem Dränger und ich brachte alle Leute hinter einander. Aber nun u. s. w. Vergegenwärtigen wir uns einmal den Zusammenhang, in dem diese Worte vorkommen. In cap. 7 hat der Prophet auf die Frage einiger Juden, ob sie die Fastentage noch halten müssten, geantwortet: Fasten hat nicht für Gott Wert, sondern geht lediglich euch selbst an. Ob ihr fasten sollt oder nicht, hängt ab von den Verhältnissen, in denen ihr euch befindet. Die Fasttage hängen zusammen mit der Not, die Jahwe über das Volk gebracht hat, als es der Lehre und den Worten, die Jahwe ihnen durch den Mund der alten Propheten kund gethan hatte, nicht hatte gehorchen wollen (V. 8—14). Aber nun, fährt der Prophet 8. $_{1-8}$ fort, wird eine andere Zeit kommen: Jahwe wird für Jerusalem entbrennen und sich seiner erbarmen; er wird sich Zion zuwenden und in Jerusalem seine Wohnung aufschlagen; eine Zeit des Glücks und Segens wird er anbrechen lassen, aus Ost und West die Zerstreuten sammeln und ihnen einen Wohnort geben in Jerusalem. Sie sollen ihm zum Volke und er will ihnen zum Gotte sein in Treue und Gerechtigkeit. Hierauf folgen die oben angeführten Worte V. 9 f. Es ist m. E. klar, was der Prophet sagen will. Schöpft Mut, sagt er zu den Tempelbauern, ihr die ihr diese Heilszusagen, die Worte von V. 1—8, hören dürft aus dem Munde der Propheten, die euch jetzt am Tage der Grundlegung des Tempels im Namen Jahwes solch' herrliche Dinge verkündigen. Da Haggai erst mit der Verkündigung der Heilsweissagungen begonnen hat, als die Juden in des Darius zweitem Jahre den Tempelbau in Angriff genommen hatten (Hagg. 1. $_{12-15}$, 2. $_{15}$ ff.) und dieser Prophet selbst vorher noch Bussprediger war (1. $_{3-11}$), kann mit „am Tage da . . . . . zum Bau des Tempels der Grund gelegt wurde" nicht ein Zeitpunkt im zweiten Jahre des Cyrus (Esra 3. $_{8-13}$) gemeint sein, sondern es ist damit der 24. des neunten Monats im zweiten Jahre des Darius angedeutet (Hagg. 2. $_{10\cdot18}$). Die hier gemeinten Propheten sind dann Haggai, Sacharja und vielleicht noch gleichzeitige Geistesverwandte.

Nach v. H. aber [1]) müssen diese Verse ganz anders aufgefasst werden: „solche Reden," die von V. 1—8, sind nach ihm Heils-versprechungen der alten Propheten; „der Tag, da gegründet wurde der Tempel" ist „l'époque actuelle," beginnend mit der Rückkehr der Gefangenen unter Cyrus, so dass „die Propheten, die da leben am Tage, da der Tempel gegründet ist", nicht nur Haggai, Sacharja und ihre Zeitgenossen sind, sondern alle, die seit der Rückkehr prophezeit haben. Der Inhalt ist dann dieser: Schöpft Mut ihr, die ihr in diesen Tagen diese Worte der alten Propheten hört aus dem Munde der Propheten, die in dieser Zeit der Erfüllung der alten Weissagungen leben (à cette époque où les prédictions faites autrefois sont en voie de s'accomplir). Nach dieser Erklärung wird also unter dem Tage der Grundsteinlegung des Tempels die gegenwärtige Periode der Herstellung, die mit der Grundsteinlegung begann, verstanden, und ist deshalb der Widerspruch mit der Vor-stellung von Esra 3. ₈ ₁₃ aufgehoben.

Diese Erklärung ist m. E. unhaltbar. Schon darum, dass sie voraussetzt, Sacharja habe die unmittelbar hinter ihm liegende Periode als eine Periode betrachtet, da die Heilsweissagungen schon erfüllt zu werden anfingen. Dies ist jedoch nicht der Fall. Nach ihm dauert die Zeit der Not, die Strafzeit, noch fort; was sehr deutlich zu erkennen ist aus 1. ₁₂ : „Bis wie lange (noch) wirst du dich nicht erbarmen über Jerusalem und die Städte Judas, denen du gegrollt hast nun schon 70 Jahre." Der Heilsstaat ist noch zukünftig; erst wenn Jahwe in den Tempel eingeht, wird er an-brechen: 1.₃. ₁₇, 2. ₁₀ ff., 3. ₁₀ u. s. w. Die Zeit der Not „vor diesen Tagen" (8. ₁₀ f.) ist also nicht, wie v. H. will, ein schon unter Cyrus abgeschlossener Zeitabschnitt, sondern ein solcher, der dem Heute unmittelbar vorhergeht und auch die Tage des Misswachses und der Armut, von denen Haggai spricht (Hagg. 1.₅₋₁₁; 2.₁₅.₁₇.₁₉), einschliesst. Wenn v. H. sagt, er wolle nicht leugnen, dass Sach. mit gedacht habe „aux calamités qui venaient de frapper les colons juifs pendant les premières années après le retour (Aggée, 1. c.)," so macht er eine Konzession, die für das, was er verteidigt, sehr bedenklich ist; er giebt damit zu, dass die Periode „vor diesen Tagen" sich weiter erstreckt, als bis auf die Rückkehr unter Cyrus und verurteilt eigentlich selbst die Behauptung, dass nach Sacharja „l'époque de la restauration" schon damals solle begonnen haben.

1) L. c. p. 66—76.

Van Hoonacker's Behauptung, die Worte 8.$_{1-8}$ seien nicht eine Heilsweissagung des Sacharja selbst, sondern eine solche eines vorexilischen Propheten, die von Sacharja in Erinnerung gebracht werde, ist von seinem Standpunkte aus vollkommen erklärlich. Sind es Worte von Sacharja selbst, so wird hier „l'époque de la restauration" als noch zukünftig gedacht; da nun nach v. H. die Periode der Wiederherstellung schon 15 bis 20 Jahre früher angebrochen war, kann er diese Worte nicht als des Sacharja eigene Weissagung betrachten, sondern muss sie auffassen als Prophezeiung des jetzt schon in seinen Anfängen zu Tage tretenden Heilsstaates. Diese Worte, sagt v. H. „supposent comme futurs des événement dont tous étaient témoins au temps de Zacharie – – – –. Le retour et la restauration étaient, sinon un fait entièrement accompli, du moins un fait en voie de s'accomplir." Die Meinung v. H.'s ist aber m. E. unrichtig; mit keinem Worte deutet der Prophet an, dass er die Prophezeiungen Anderer anführt; denn dass seine Worte hie und da an die früheren Gottesmänner erinnern, ist bei der Gleichheit der Erwartungen nicht mehr, denn natürlich. Doch vor allem wende ich mich in diesem Falle gegen die Beweisführung: da diese Worte Ereignisse als zukünftig darstellen, die schon zu Sacharjas Zeit der Vergangenheit angehörten, so können es nicht Worte von Sacharja selbst sein. Es ist ja gerade die Frage, ob die betreffenden Ereignisse, speziell die Rückkehr, zu Sacharjas Zeit schon der Vergangenheit angehörten. Ich will der folgenden Untersuchung nicht vorgreifen, muss aber hier doch schon sagen, dass diese Frage verneinend beantwortet werden wird, und dass hierdurch die Beweisführung v. H.'s für mich ihren Wert verliert. Doch v. H. hat für seine Auffassung noch ein dem Zusammenhange entnommenes Argument. Er behauptet nämlich, dass der Zusammenhang dieser Worte mit den vorhergehenden folgender sei: Wie die Periode der Gefangenschaft die Zeit der Erfüllung der Strafankündigungen der alten Propheten gewesen ist, so ist die gegenwärtige Periode die der Erfüllung der alten Heilsweissagungen, die darum in 8.$_{1-8}$ angeführt werden. Der Sinn von 7.$_{8-14}$ wird aber hier falsch wiedergegeben: hier wird nämlich nicht dargethan: die Worte der alten Propheten beweisen, dass euer Elend eine Strafe Gottes ist, sondern euer Elend ist die Folge des Ungehorsams wider Jahwes Willen, wie ihn die alten Propheten verkündigt haben. Mit anderen Worten: Die alten Propheten werden nicht erwähnt als Verkündiger von Israels Unglück, sondern als die Dollmetscher Jahwes, denen aber Israel nicht gehorcht hat. Der Gegensatz zu 8.₁ ff. kann also nicht sein: Die alten Propheten haben eure Strafzeit geweissagt; andrerseits aber „(ils) sont là pour attester qu'il se réservait de faire succéder le pardon au châtiment." Vielmehr ist der verbindende Gedanke beider Abschnitte dieser: das frühere Unglück ist die Strafe des Ungehorsams eurer Väter wider die Worte der alten Propheten; aber jetzt lässt Jahwe euch Heilsdie ihgungen hören (V. 1—8) aus dem Munde der Propheten, die jetzt, am Tage der Gründung des Tempels, zu euch sprechen (V. 9).

Ferner erscheint es mir nicht recht glaublich, dass die Wendung „an dem Tage, da der Tempel gegründet wurde," wie v. H. will, von einem Zeitraume von 15—20 Jahren gebraucht sein soll. Hat Sacharja die Propheten dieser ganzen Periode im Gegensatz zu den vorexilischen (l'âge des prophètes actuels en regard des anciens prophètes) bezeichnet als „die Propheten die da (auftraten) am Tage der Grundsteinlegung des Tempels," so hat er sich mindestens sehr undeutlich ausgedrückt. Dagegen ist die Wendung vollkommen verständlich, wenn unter diesem Tage der 24. des neunten Monats im zweiten Jahre des Darius verstanden wird. (Hagg. 2.₁₀·₁₈), vornehmlich dann, wenn wir mit Gr. und Syr. vers. lesen „seit dem Tage." Haggai hatte erwartet, dass mit diesem Tage die Zeit des Glücks, der Heilsstaat anbrechen werde; von heute ab werde ich segnen, hatte der Herr an diesem Tage durch Haggai versprochen (Hagg. 2.₁₉). Diese Erwartung hatte sich nicht erfüllt. Fast zwei Jahre später (Sach. 7.₁) musste noch Sacharja von dieser herrlichen Zeit als einer zukünftigen sprechen (s. 8.₁₁ f.): wenn der Tempel vollendet sein und Jahwe darin seinen Einzug gehalten haben würde (8.₃), dann würde die Zeit des Glücks und Segens kommen. Doch blieb auch in Sacharjas Meinung der Tag der Grundsteinlegung des Tempels der wichtige Tag, an dem Jahwe begonnen hatte, sich seines Volkes zu erbarmen. Dauerte auch nach diesem Tage die Trübsal noch fort, so hat ohne Zweifel Sacharja dies ebenso erklärt, wie Haggai die Fortdauer des Elends auch nach der Aufnahme der Arbeiten im sechsten Monate erklärt hatte: aus der Nachwirkung dessen, was früher das Land verunreinigt hatte; aber mit diesem Tage war doch thatsächlich die neue Zeit angebrochen. Darum erwähnt er ausdrücklich diesen Tag (8.₉), wenn er sein Volk aufmuntert durch die Aussicht auf

eine bessere Zeit. Mit diesem Tage war die Busspredigt Heils-
predigt geworden; von da ab waren die Bedingungen vorhanden,
unter denen man das Heil erwarten durfte; sein Volk musste Mut
schöpfen. Denn sie hörten diese Worte des Heils aus dem Munde
der Propheten, die sie verkündigten und verkündigen durften, da
sie die Grundlegung des Tempels, die notwendige Vorbedingung
für das Kommen des herrlichen Reiches gesehen hatten.

Ist diese Erklärung die richtige, dann spricht auch Sacharja
gegen die Glaubwürdigkeit von Esra 3. 8-13. Die eben behandelten
Stellen aus Sacharja und Haggai sind meines Erachtens beweis-
kräftig genug, um die Ansicht, dass schon unter Cyrus der Grund
zum Tempel gelegt sei, zum Schweigen zu bringen. Was v. H.
noch aus Esra 5 vorbringt, um den historischen Charakter aufrecht
zu erhalten, lasse ich hier unbesprochen, da aus dem Folgenden
hervorgehen wird, dass der Teil dieses Kapitels, dem er seine Ar-
gumentation entnimmt, von sehr zweifelhafter Glaubwürdigkeit ist.

§ 2. Die Tempelbauer.

Haben wir die Unglaubwürdigkeit des in Esra 3. 8-13 Berichteten erkannt, so wird nun auch unser Vertrauen auf manchen
anderen Bericht in den ersten Kapiteln des Esra stark erschüttert.
Unabhängig davon ist schon die unmittelbar vorausgehende Erzählung 3. 1-7 grossen Bedenken unterworfen. Die Exulanten handeln hier nach den Vorschriften eines Gesetzbuches (P.), das erst
in der Zeit des Esra und Nehemia (Neh. 8) eingeführt ist[1]). Doch
auch die hier berichtete Sache selbst ist nicht sehr glaubwürdig.
Ist es wahrscheinlich, dass der Opferdienst seit der Zerstörung
des Tempels vollkommen aufgehört habe, und dass erst zurückgekehrte Gefangene ihn wiederhergestellt haben? So lange dürften
doch die in Palästina zurückgebliebenen Juden nicht gezögert
haben, Jahwe Opfer zu bringen; der heilige Ort war ja geblieben
und nicht alle Priester waren weggeführt. Nach der Eroberung
Samarias haben selbst heidnische Kolonisten sich gedrungen gefühlt, Jahwe, den Landesgott, opfernd zu verehren. (II. Kön. 17.
24-34a. 41.) Sollten denn die zurückgebliebenen Judäer den Opferdienst zur Ehre Jahwes nicht vorläufig wiederhergestellt haben?

1) S. Kuenen HkO²Ibl. 504 v.; Stade, G. d. V. J. II § 115f.

Wahrscheinlich ist dies schon kurz nach der Zerstörung Jerusalems geschehen, und es wird schleunig wieder ein Altar auf dem
heiligen Ort aufgerichtet worden sein. Der Opferplatz, auf den
Hagg. 2.$_{14}$ angespielt wird, braucht nicht der von Esra 3.$_3$ zu sein.
Wenn die Errichtung des Tempels in Esra 3.$_{8-13}$ unhistorisch
ist, so ist auch die Glaubwürdigkeit dessen, was in Esra 4 von
der Hinderung des soeben angefangenen Tempelbaus erzählt wird,
gegründeten Bedenken unterworfen. Das eine Stück hängt mit dem
anderen so unzertrennlich zusammen, dass das Urteil über die eine
Erzählung notwendig auch die andere trifft.[1]) Selbst Esra 1 wird
von dem über 3.$_{8\ 13}$ gefällten Urteile mit betroffen. Denn, wenn
es nicht wahr ist, dass die Gefangenen unmittelbar nach ihrer Rückkehr nach Jerusalem mit dem Tempelbau begannen, sollte es dann
wohl wahr sein, dass sie mit dem ausdrücklichen Auftrage des
Cyrus, den Tempel wieder aufzubauen, in ihr Land zurückgekehrt
sind? Sollten sie dann das Werk haben aufschieben dürfen? Sie
konnten sich doch, während sie sich der Unterstützung des mächtigen Monarchen zu erfreuen hatten, der ihnen nach Esra 1.$_7$ $_{11}$
mehr denn 5000 Tempelgeräte mitgab, ja nach 6.$_4$ die Kosten
des Tempelbaus auf seine Rechnung nahm, unter keinem Vorwande
der Arbeit entziehen.

Mit Esra 3.$_{8-13}$ ist aus der Darstellung, die Esra 1—4 von
den ersten Schicksalen der Gola in Jerusalem giebt, eine Stütze
beseitigt, wodurch nun auch ein grosser Teil der übrigen Darstellung in seinen Grundfesten erschüttert wird. Die Frage ist
berechtigt: Ist der Bericht über die Rückkehr der Gefangenen
unter Cyrus, der auch zu dieser Darstellung gehört, genügend ver-

---

1) Kuenen (IIkO²I bl. 505) ist der Ansicht, dass die Glaubwürdigkeit von 4.$_{1-5}$ nicht ganz preisgegeben zu werden braucht: Die Samaritaner können nach der Rückkehr der Gefangenen danach gestrebt haben,
sich ihnen anzuschliessen und an dem bevorstehenden Tempelbau mitzu-
arbeiten. Dass der Chronist gut unterrichtet ist, geht auch nach Kuenen
aus seinem Berichte über die Überführung der fremden Kolonisten durch
Assarhaddon hervor, welche nach Schrader auf Grund einer Assyrischen
Inschrift (KAT² S. 373ff.) als Thatsache erkannt wird. Ich glaube aber,
dass diese Inschrift nicht beweist, was bewiesen werden muss, sie berichtet
nur, dass der König „Bewohner der Berge und der östlichen See" in die
von ihm erbaute „Assarhaddonsstadt" verpflanzte; von einer Kolonisieruug
„des Landes Chatti, Phönicien und Palästina eingeschlossen" (Worte Schra-
ders) steht also nichts darin.

bürgt, um Glauben zu verdienen? Dies hängt ja so eng zusammen mit dem, was von der Grundlegung des Tempels unter Cyrus erzählt wird, dass es unter dem ungünstigen Urteil über die Glaubwürdigkeit des letzteren notwendig mitleidet. Ja, der Zusammenhang der beiden Ereignisse ist so innig, dass in dem Edikte des Cyrus der Tempelbau sehr entschieden im Vordergrund steht und die Rückkehr einfach als eine Vorbedingung für das Zustandekommen desselben berichtet wird. Der Inhalt des Edikts ist nicht: den Juden wird erlaubt zurückzukehren und den Tempel zu erbauen, sondern: da Cyrus den Tempel dem Gotte des Himmels erbauen muss, wird den Juden, die dazu mitwirken wollen, erlaubt, nach Jerusalem, das in Juda liegt, zu ziehen. Ja so sehr ist der Tempelbau das Ziel, dass der Erlass nicht von Kanaan und nicht von Juda spricht, sondern allein von Jerusalem, wo der Tempel ist; allein nach der Tempelstadt wird die Rückkehr erlaubt. Wenn wir nun die Hauptsache in Zweifel ziehen, haben wir dann noch das Recht, etwas, das nur als Unterteil derselben erzählt wird, als unumstössliche Thatsache anzusehen? Jedenfalls liegt diese Frage so nahe, dass sie wohl eine Untersuchung nach der Periode der Rückkehr der Gefangenen nach Palästina rechtfertigt. Diese Untersuchung, die auch durch eine aufgefundene Inschrift des Cyrus durchaus nicht überflüssig geworden ist[1]), ist, soviel ich weiss, noch nie eingehend angestellt worden. Wohl hat Maurice Vernes[2]) die Rückkehr der Juden unter Cyrus bezweifelt, aber er hat die Frage nicht eingehend untersucht. Gegen ihn hat Professor Kuenen nachgewiesen[3]), dass die Rückkehr unter Cyrus eine wohlverbürgte Thatsache genannt werden kann, während van Hoonacker[4]) schon die Besprechung dieser und ähnlicher Fragen ein nutzloses Beginnen nennt. Pour contester ou nier, sagt dieser Gelehrte, que l'avènement de Cyrus à Babylone fut le signal de la restauration juive, que sous ce roi et par un effet de sa faveur, le peuple juif, délivré du joug de la captivité, commença à reprendre le chemin de la patrie, que ce furent des colons revenus de Babylonie sous la conduite de Zorobabel qui accomplirent à Jérusalem la

---

1) Kuenen, Chronologie bl. 8 v. (280 v.).
2) Précis d'histoire juif (Paris 1889) pag. 568 und Les résultats de l'exégèse biblique (1890) pag. 67 suiv.
3) Chronologie bl. 4—9 (276—281).
4) L. c. p. 9 suiv.

grande oeuvre de la reconstruction du temple; pour contester, disons nous, des faites de ce genre quant à leur substance même, il faut commencer par supprimer les documents et supposer qu' à Jérusalem l'illusion ou le rêve prenaient naturellement la place de la tradition et des souvenirs, la fable celle de l'histoire. Mais ainsi l'on s'expose à tomber soi-même dans la fantaisie. Nous ne pouvons tenir compte dans notre examen que de conclusions basées sur les textes."

Selbst S t a d e [1]), wiewohl er die gewöhnliche Ansicht von der Rückkehr und dem Tempelbau „in allen wesentlichen Punkten unrichtig" nennt, zweifelt an der Rückkehr unter Cyrus nicht.

Trotz dieser entschiedenen Verwerfung der von V e r n e s ohne genügenden Beweis ausgesprochenen Behauptung seitens Gelehrter, die zu diesem Urteile wohl befugt sind, meine ich doch, dass zu ihrer Verteidigung wohl etwas zu sagen ist; ich will dies darthun, nicht indem ich mich ausserhalb der Dokumente und Texte stelle, was man nach v. H.'s Meinung bei der Verteidigung einer Be-hauptung, wie dieser, thun müsste, sondern indem ich sie selbst ehrlich zu Worte kommen lasse.

Als wohlverbürgte Thatsache nehme ich an, dass der Tempel unter der Regierung des Darius Hystaspis (521—485) erbaut ist, dass der Bau im zweiten Jahre dieses Königs begonnen (Esra 5. $_2$, Hagg. 1. $_{14}$ f., 2. $_{10\cdot 18}$) und in seinem sechsten Jahre vollendet ist (Esra 6. $_{15}$) [2]). Auf die Frage, wer ihn gebaut hat, giebt der Chronist

---

1) A. a. O. II S. 96 ff.

2) Vor kurzem ist diese Behauptung bekämpft worden von Henry H. Howorth in einer in The Academy (1893) p. 12 f., 60, 106, 174 f. und 326 f. erschienenen Abhandlung The real character and the importance of the first book of Esdras. Nach dem Vorgange von Imbert verteidigt er die Behauptung, dass der Darius des Tempelbaus nicht Darius Hystaspis, sondern Darius Nothus (424—404) gewesen ist. Haggai und Sacharja wer-den dann unter die Regierung dieses Königs gesetzt, während Esra und Nehemia Zeitgenossen des Artaxerxes II. Mnemon (404—359) werden. Das Hauptargument dieser Behauptung, auf das sich auch schon Imbert stützt, dass nämlich nach Esra 4. $_{6-24}$ (I. Esdr. 2. $_{15-25}$) Xerxes und Arta-xerxes I. vor dem Tempelbau gelebt haben müssen, ist von van Hoon-acker, Zorobabel p. 8—25 vollständig widerlegt. Gegen die Versetzung des Haggai und Sacharja in diese Zeit spricht nicht nur Hagg. 2. $_3$, son-dern auch Sach. 1. $_{12}$, nach welcher Stelle die Strafzeit ungefähr 70 Jahre gedauert haben soll.

in Esra 1.₃.₅, 3.₈₋₁₃, 4.₁, 6.₂₁ f. die unzweideutige Antwort: Zurückkehrende Gefangene. Lässt sich diese Behauptung auch noch durch andere Zeugnisse stützen? Wir hören dazu:

A. Das Zeugnis des Haggai und Sacharja.

Wenn unter Cyrus wirklich mehr als 40000 Gefangene nach Palästina zurückgekehrt sind, so können wir wohl erwarten, dass Haggai und Sacharja wenigstens ein einziges Mal auf dies für die Geschichte ihres Volkes so bedeutungsvolle Ereignis anspielen. Dies ist jedoch nicht der Fall. Aus ihren Weissagungen vermögen wir nicht zu erkennen, dass ein Teil derer, zu denen sie sprechen, aus zurückgekehrten Gefangenen besteht. Sie nennen dieselben העם oder העם הזה (Hagg. 1.₂.₁₂, 2.₁₄), zuweilen שארית העם (Hagg. 1.₁₂.₁₄; 2.₂) oder שארית העם הזה (Sach. 8.₆.₁₁.₁₂). Die letzten beiden dieser Ausdrücke bezeichnen das Volk als einen Rest, ein Überbleibsel, und lassen uns viel eher an Zurückgebliebene, als an Weggeführte und Zurückgekehrte denken. Genau ebenso werden Jer. 42.₂.₁₅.₁₉; 43.₅; 44.₇.₁₂.₁₄) die nicht weggeführten Judäer genannt. Wenn Haggai (2.₃) fragt: „Wer ist unter euch noch übrig (הנשאר), der dieses Haus da in seiner vormaligen Herrlichkeit gesehen hat?", so denken wir von selbst an Menschen, die im Lande selbst die Zerstörung des Tempels überlebt haben. Der Chronist, der diesen Worten des Haggai den Bericht Esra 3.₁₂ entlehnt, und denselben in Beziehung zur Gola setzt, hat denn auch den Ausdruck geändert und spricht nicht von „Übriggebliebenen." Auch wird das Volk als עם הארץ angeredet (Hagg. 2.₄; Sach. 7.₅). Bedenken wir, dass unter Esra und Nehemia die zurückgekehrten Gefangenen „die Völker des Landes" oder „die Völker der Länder" als Unreine betrachteten, von denen sich das wahre Israel absondern müsse (Esra 9.₁, 10.₂.₁₁; Neh. 10.₂₉.₃₂), was nach dem Chronisten (Esra 6.₂₁) schon zur Zeit des Tempelbaus geschehen war, dann scheint der Gebrauch, den Haggai und Sacharja von diesem Ausdrucke machen — sie nennen die Tempelbauer also — zu beweisen, dass in der Zeit dieser Propheten noch keine Gola in Jerusalem war. Ferner heisst das Volk „Juda" (Sach. 2.₁₆) oder „Haus Juda" (Sach. 8.₁₉), niemals „Israel." Wohl findet sich eine Stelle, in der das Volk als „Haus Juda und Haus Israel" angeredet wird (Sach. 8.₁₃), aber diese Worte scheinen interpoliert zu sein; sie sind so gut entbehrlich, dass Wellhausen sie in seiner Übersetzung (absichtlich oder unwillkürlich?) wegliess [1]. Jedenfalls widersprechen sie der Beobachtung nicht, dass Haggai und Sacharja das Volk in Kanaan niemals Israel nennen. Da nun auch in den ältesten Teilen von Esra 1—6, unter Ausschluss von Esra 2 (darüber siehe unten), genauer in 5.$_1$—6.$_{15}$, wo der Redaktor nicht spricht [2]), das Volk in Kanaan niemals Israel heisst, und es diesen Namen erst trägt, nachdem Esra's Verbannte dorthin zurückgekommen sind, so liegt die Vermutung nahe, dass man erst mit der Rückkehr dieser Verbannten Israel in Kanaan für wiederhergestellt erachtete. Reden also Haggai und Sacharja ihr Volk nicht mit diesem Namen an, so scheinen dazu keine zurückgekehrten Gefangenen zu gehören. Jedenfalls sprechen die Namen, mit denen diese Propheten die Tempelbauer bezeichnen, nicht für die Anwesenheit der Gola unter ihren Hörern.

In dem Volke, zu dem diese Propheten sprechen, wird kein Unterschied gemacht zwischen Eingesessenen und eben erst Zugezogenen. Es ist vollständig eine angesessene Bevölkerung: sie treiben Ackerbau, haben Tagelöhner, besitzen Weinberge, Oliven- und Weinpflanzungen (Hagg. 1.$_{3—6}$, 2.$_{19}$; Sach. 8.$_{10—12}$); sie werden angeredet als solche, die das Land schon seit vielen Jahren bewohnen. Hiergegen würde Hagg. 1.$_9$ sprechen, wenn die Übersetzung, die Wellhausen von diesem Verse giebt [3]), richtig wäre. Nach ihm spricht nämlich Jahwe: All' dies Elend ist über euch gekommen „wegen meines Hauses, das wüste liegt, während ihr euch beeilt eure eignen Häuser zu bauen"; die Hast nämlich, mit der sich ein Teil der Bevölkerung des Häuserbaues befleissigt, würde sich natürlich am besten durch die Voraussetzung erklären lassen, dass dieser Teil aus eben angekommenen Gefangenen bestand. Doch von Bauen spricht Haggai überhaupt nicht; es steht im massorethischen Texte nichts anderes, als: während jeder von euch nach seinem Hause läuft; das will sagen: während jeder von euch ein Haus hat, in das er eintreten kann. Diese Strafrede

---

1) Skizzen und Vorarbeiten (1892) fünftes Heft, S. 44 f. Wellhausen rechtfertigt die Weglassung nicht; ist sie unwillkürlich, so wurde er jedenfalls von einem richtigen Gefühle geleitet.

2) Dieser gebraucht mit Vorliebe den Namen „Israel" (3.$_1$ 4.$_3$ 6.$_{16—21}$), aber auch „Juda" oder „Juda und Benjamin" (1.$_{5.8}$. 4.$_{1.4}$).

3) Skizzen und Vorarbeiten (1892) S. 37.

spricht viel eher gegen die Annahme, dass zurückgekehrte Gefangene angeredet werden; wäre das letztere der Fall, so würde
der Prophet gewiss gesagt haben: während ihr eure eigenen
Häuser schon gebaut habt, lasst ihr mein Haus wüst liegen. Da
er aber allein sagt: von ihnen habe jeder ein Haus, dahin sie
eilen könnten, und er hier, wo wir es erwarten sollten, von dem
Baue neuer Häuser nicht spricht, so ist dies ein Beweis dafür,
dass er nicht an Menschen denkt, die sich erst vor kurzem in
Jerusalem angesiedelt haben.

Dass unsere Propheten von keiner Rückkehr der Gola wissen,
geht ferner daraus hervor, dass sie die Zeit, in der sie leben, noch
als zur Strafzeit gehörig betrachten. Wenn dem Sacharja (1. 3 f.)
aufgetragen wird, zum Volke zu sagen: „Kehret um zu mir, so
will ich zu euch wiederkehren" — und dem voraufgeht: „Gewaltigen
Zorn hat Jahwe bewiesen an euren Vätern," so ist es einleuchtend,
dass die Zeit des Zorns wohl dem Ende zuläuft, aber noch nicht
zu Ende ist. In V. 6, wo Sacharja zeigt, dass die Worte der
alten Propheten in Erfüllung gegangen seien, ist allein die Rede
von eingetroffenen Drohungen; dass auch prophetische Verheis-
sungen erfüllt sind durch die Rückkehr eines Teils der Gefangenen,
das wird bei ihm ganz und gar nicht berührt. Etwas später
(1. 12) fragt Jahwes Engel: „Jahwe der Heerscharen, bis wie lange
noch wirst du dich nicht erbarmen über Jerusalem und die Städte
Judas, denen du gegrollt hast nun schon 70 Jahre?" (vgl. 7. 5) Die
Rückkehr unter Cyrus, der grosse Beweis von Jahwes erneuerter
gnädiger Gesinnung gegen sein Volk, wird, falls sie stattgefunden
hatte, einfach negiert. Nach 2. 16 ist die Zeit, da Jahwe Juda als
sein Erbe in dem heiligen Lande nehmen und Jerusalem sich
erwählen wird, noch in weiter Zukunft gelegen. Man vergleiche
noch Sach. 7. 7. Hier wird die Zeit der alten Propheten, als Jerusalem und die umliegenden Städte noch bewohnt und in Ruhe
und Frieden waren, als auch der Süden und die Ebene noch bewohnt waren, unterschieden von der gegenwärtigen Zeit. Jetzt
ist also, das können wir aus dieser Stelle entnehmen, das Land
nicht bewohnt. Hätte Sacharja so sprechen können, wenn sich
kurz vorher mehr als 50,000 Menschen (Esra 2. 64 f.) angesiedelt
hatten und also in der letzten Zeit die Bevölkerung sich bedeutend
vermehrt hatte? Alle diese Stellen beweisen, dass seit der Wegführung eines Teiles des Volkes nach Babel keine nennenswerte

Veränderung im Zustande des Volkes und Landes eingetreten war, und dass die Strafzeit noch fortdauerte. Wenn man hierauf aufmerksam macht, so heisst es gewöhnlich: trotz der Rückkehr unter Cyrus dauerte für das Bewusstsein der Juden die Gefangenschaft noch fort — doch so präjudiciert man einfach, was bewiesen werden muss. Wir würden diesen Grund gelten lassen können, wenn nur Haggai und Sacharja auch nur ein einziges Mal auf diese Rückkehr unter Cyrus hingedeutet hätten, nur mit einem einzigen Worte auf die günstige Gesinnung Jahwes hingewiesen hätten, der in den Verfügungen des Cyrus sich gegenüber den Gefangenen so herrlich geoffenbart hatte. Wenn Esra in seinem Schuldbekenntnis (Esra 9.6₋₂₅) die Überzeugung ausspricht, dass die Zeit der Strafe noch nicht vorüber ist, so gedenkt er doch auch der Beweise von Jahwes Erbarmen (V. 8), dass er „uns verliehen hat einen Zelt-pflock an seiner heiligen Stätte, dass er unsere Augen hell strahlen lasse und uns ein wenig Lebenskraft verleihe in unserer Knecht-schaft;" wenn dann Haggai und Sacharja dies kein einziges Mal thun, auch nicht da, wo es ihnen doch bei ihren Bemühungen, die Tempelbauer zu ermutigen, so vorzüglich zu statten gekommen wäre, so müssen wir folgern: sie scheinen von dieser Rückkehr nichts gewusst zu haben.

Zu eben dieser Folgerung werden wir gezwungen, wenn wir die Stellen betrachten, in denen die Rückkehr völlig noch als zu-künftig angesehen wird. In der Vision des Mannes mit der Mess-schnur (Sach. 2.5ff.) weissagt Sacharja die zukünftige Herrlichkeit Jerusalems: Es wird wegen der Menge von Menschen und Vieh keine Mauer haben; Jahwe aber wird eine feurige Mauer sein ringsum und zur Herrlichkeit in seiner Mitten. Hierauf folgt V. 10 die Äusserung: „auf, auf, fliehet aus dem Lande des Nordens, spricht Jahwe; denn ich habe euch zerstreut nach den vier (lies mit den Handschriften bei de Rossi אַרְבַּע) Himmelsgegenden. Auf! berget euch in Zion, ihr, die ihr in Babel wohnt!" Wie vermag man diese Verse ungezwungen zu erklären, wenn schon Cyrus die Rückkehr erlaubt hatte? Man braucht doch nicht zu fliehen aus einem Lande, das man frei verlassen kann, wenn man will. Oder ist vielleicht das Edikt des Cyrus von Cambyses oder Darius zurückgenommen? Aber davon ist uns nichts mitgeteilt. Sacharja setzt also voraus, dass die Gefangenschaft im eigentlichen Sinne noch fortdauert. Zu demselben Schlusse bringt uns Sach. 8.7f.

„Siehe ich will mein Volk erlösen aus dem Lande des Aufganges und des Niedergangs der Sonne; ich will sie herbringen und wohnen lassen in Jerusalem und sie sollen mir zum Volke und ich will ihnen zum Gotte sein in Treue und Gerechtigkeit." Dass schon ein Teil der Zerstreuten gerettet ist, deutet der Prophet auch nicht von ferne an.

In Verbindung hiermit verdient es Beachtung, dass Babel noch immer als der Gegenstand von Jahwes Zorn betrachtet wird. In der Vision von den vier Wagen (Sach. 6.$_{1-8}$) wird gesagt, diese hätten sich in verschiedener Richtung fortbewegt, um auf der ganzen Erde umherzufahren. Aber bei dem nach Norden gehenden Wagen macht der Prophet Halt; von ihm sagt er: „Siehe (die Pferde, welche) nach dem Nordlande hinausziehen, stillen meinen Zorn im Nord-lande." Hiermit ist Babel gemeint. Dies Land wird ganz beson-ders mit der göttlichen Rache bedroht; dahin, nach dem Lande Sincar, wird die Gottlosigkeit von Israel weggetragen (5.$_{11}$); dies ist der Ort der Gefangenschaft, dem die Gefangenen entfliehen müssen (2.$_{11}$). Bedenken wir nun, dass zur Zeit des Sacharja in Babel persische Könige herrschen, dass es nicht mehr das Babel des Nebukadnezar ist, dann lässt sich die feindliche Gesinnung wider dies Land aufs beste durch die Annahme erklären, dass es nach wie vor der Eroberung durch die Perser der Kerker der Ver-bannten, und darum der Gegenstand des Hasses der Juden war.

Einmal wird in Sacharja von der Gola gesprochen und zwar auf eine Weise, die Beachtung verdient, nämlich in 6.$_{9-15}$. Hier lesen wir, dass Jahwe dem Sacharja befiehlt, von einigen der Gola angehörigen Leuten Geschenke für den Tempel anzunehmen. Von diesen Leuten der Gola wird gesprochen, als müsse jeder von vorn herein wissen, dass es Juden aus dem Auslande sind; dass sie aus Babel kommen, berichtet der Prophet ganz nebenbei: „Du sollst in das Haus des Josia eintreten, des Sohnes des Zephanja, bei dem sie, aus Babel (gekommen), eingekehrt sind." Wie dem aber auch sei, auffällig ist es, dass der Prophet an die Gabe für den Tempel, welche die Verbannten aus Babel herbeibringen, die Weis-sagung anknüpft (V. 15), dass „Menschen aus fernen Landen (רחוקים) kommen werden und an dem Tempel Jahwes bauen." Wären schon unter Cyrus eine Menge Juden nach Palästina ge-kommen, die jetzt an dem Tempel mitbauten, wie hätte dann Sacharja dies weissagen können, ohne der schon Zurückgekehrten mit einem einzigen Worte zu gedenken? Und weiter: würde die Prophezeihung etwas zu bedeuten gehabt haben, wenn das, was sie ankündigte, schon grossenteils erfüllt war?

Haggai und Sacharja setzen also nirgends voraus, dass schon eine Rückkehr aus der Verbannung stattgefunden habe.

B. Das Zeugnis der von dem Chronisten in Esra 5.1—6.4 benutzten Quellen.

Wenn wir aus diesem aramäisch geschriebenen Stücke sogleich das ausscheiden, was der Chronist sicherlich hinzugefügt hat, nämlich 6.14b; 16—18 [1]), so können wir das, was übrig bleibt, noch nicht als das Werk eines einzigen Schriftstellers betrachten. Wenn man dies auch ganz allgemein zugiebt, so herrscht doch in der Bestimmung des eigentlichen Charakters des Stückes keine Einstimmigkeit. Nach manchen eine alte aramäische Urkunde, die durch den Redaktor von Esra hie und da umgearbeitet ist, ist es nach anderen das Werk des Redaktors selbst, der eine alte, glaubwürdige Erzählung selbständig bearbeitet hat [2]). Mir scheint es, als hätten wir hier ein zusammengesetztes Stück, in dem zweierlei Bestandteile zu unterscheiden sind; ob der Redaktor von Esra es in seiner zusammengesetzten Form gefunden hat, oder es selbst zusammengesetzt hat, brauchen wir hier nicht zu entscheiden. Zur Scheidung der Bestandteile merke man:

1) auf die darin vorkommenden widersprechenden Vorstellungen: während nach 5.1.5 die Juden den Tempelbau in des Darius zweitem Jahre beginnen (בֶּבְצֵל לְמִבְנֵא), ist nach V. 16 (vgl. 6.3ff.) der Grund zum Tempel schon unter Cyrus gelegt.

2) auf den mangelhaften Zusammenhang. In 6.6ff. haben wir einen Teil eines Briefes des Darius, der sich an das Vorhergehende anschliesst, als enthalte dies den Anfang des Briefes und dieser bilde die unmittelbare Fortsetzung; dies ist aber nicht der Fall: in 6.1f. ist erzählt, dass man bei einer vorgenommenen Untersuchung eine Urkunde fand, deren Inhalt V. 3—5 mitgeteilt wird; hierauf folgt nun V. 6: „deshalb Thathnai .... bleibt diesem Orte

---

1) Über diesen Teil s. Kuenen H k O² I bl. 502 vv. besonders 507 v; König, a. a. O. S. 279 f. Wildeboer L. c. bl. 472.

2) Das erste ist die Ansicht u. A. von Kuenen, das andere ist die von E. Schrader.

fern" u. s. w. Eine so grosse Nachlässigkeit können wir einem Schriftsteller, der weiss, was er niederschreibt, nicht zumuten; sie spricht für den zusammengesetzten Charakter des Stückes. 3) auf das Vorkommen einer Dublette. Während 5.₁₇—6., mitgeteilt ist, dass Thathnai nebst den übrigen den König aufforderten in der Schatzkammer zu Babel nach dem Edikte des Cyrus zu suchen, und dass hierauf Darius befahl, diese Untersuchung dort anzustellen, lesen wir 6.₂, dass es zu Ahmetha (Ecbatana) gefunden wurde. Es kann wohl etwas an einem anderen Orte gefunden werden, als wo man es ursprünglich sucht; wäre dies jedoch hier gemeint, so hätte der Schreiber sagen müssen, dass und warum man es anderswo suchte; er würde dann gesagt haben z. B.: Als man es zu Babel nicht fand, befahl der König zu Ahmetha eine Untersuchung anzustellen, oder etwas Ähnliches. Wie aber der Text jetzt lautet: „Da stellte man . . . . . . eine Untersuchung an in dem Archiv, da man Schätze niederlegte zu Babel. Und so wurde im Schlosse zu Ahmetha eine Rolle gefunden" u. s. w., so ist er allein als aus zwei Berichten zusammengesetzt zu erklären. Die zwei Namen weisen zurück auf zwei Erzählungen, deren eine Babel, die andere Ahmetha nannte.

Ist es also ganz offenbar, dass wir hier eine zusammengesetzte Erzählung haben, so ist doch die Trennung der Bestandteile äusserst schwierig, da die ursprünglichen Berichte nicht vollständig aufgenommen sind, und das Ganze vom Redaktor hie und da abgeändert und umgearbeitet worden ist. Doch vermögen wir die zweierlei Bestandteile, die wir A. und B. nennen wollen, der Hauptsache nach noch zu unterscheiden: A. spreche ich 5.₁₋₅, ₆₋₁₀ zu, zwei Abschnitte, die gut an einander anschliessen und keine widersprechenden Vorstellungen enthalten; in V. 8 scheint aber לבית אלהא רבא vom Redaktor hinzugefügt. Diese Wendung setzt nämlich voraus, dass Thathnai den Tempel als das Haus des einzigen, nämlich des grössten Gottes betrachtet; dies lassen aber seine Worte V. 3 durchaus nicht vermuten; selbst der Schriftsteller lässt sich V. 1, 2, 5 nicht so über den Gott Israels aus. Ferner befremdet es uns, hier zu lesen, dass sie sich begeben haben „zum Hause des grossen Gottes," als ob der Tempel schon vollendet und das Ziel ihrer Reise wäre. Nun lautet aber die Redaktion dieser Stelle I. Esdras¹)

¹) So nenne ich das Buch, das unter unsere Apokryphen als 3. Esra aufgenommen ist.

6., also: *Παραγενόμενοι εἰς τὴν χώραν τῆς Ἰουδαίας — — κατε-λάβομεν — — τοὺς πρεσβυτέρους τῶν Ἰουδαίων ἐν Ἱερουσαλὴμ τῇ πόλει οἰκοδομοῦντας οἶκον τῷ κυρίῳ μέγαν καινόν.* Nach diesem Autor ging also Thathnai mit den Seinen nicht des Tempelbaus wegen nach Juda, sondern sie fanden bei einem Besuche des Landes die Ältesten der Juden beschäftigt mit dem Bau eines neuen grossen Hauses für Jahwe. Der Schreiber von Esdras scheint also eine ur-sprünglichere Redaktion dieser Stelle gekannt zu haben, als die nur in unserem massorethischen Texte überlieferte. Ferner kann 6. $_{6-15}$ (mit Ausschluss von V. 14 b) zu Λ. gehört haben; es ist hier nur in V. 10 „der Gott des Himmels" verdächtig. Denn die Wendungen, deren sich Darius an anderen Stellen dieses Briefes bedient (V. 8. 12): „dies Haus Gottes" und „Gott, dessen Namen darin wohnt," sind von einem anderen Standpunkte aus gesprochen und schliessen die Anerkennung des Gottes Israels als des einzig wahrhaftigen nicht in sich.

Was diese Urkunde zwischen 5. $_{10}$ und 6. $_6$ berichtet hat, kön-nen wir nur vermuten. Es muss da etwas gestanden haben von einem Dokumente über die Juden, das der König zu Babel oder zu Ahmetha fand; denn die eine Hälfte der Dublette in 6. $_1$ f. muss aus dieser Schrift entnommen sein. Welches dies Dokument war, und was es enthielt, wissen wir nicht; denn was wir V. 3 — 5 vom Inhalte des Ediktes eines früheren Königs lesen, befindet sich, wie wir gesehen haben, mit der Darstellung von A. in Widerspruch und muss also einer anderen Urkunde entlehnt sein.

Die Urkunde A., soweit sie uns erhalten ist, hat also erzählt, dass Thathnai, der Landpfleger von Abar-nahara, als er einst mit einigen anderen Persischen Hochwürdenträgern das Land Juda be-suchte, bemerkte, dass die Juden mit dem Bau ihres Tempels be-schäftigt waren. Er fragt, wer sie dazu bevollmächtigt habe und schreibt die Namen ihrer Ältesten auf, aber lässt sie ihr Werk weiter fortsetzen, während er sich schriftlich an den König wendet, damit er dessen Entscheidung über diese Angelegenheit vernehme. Darius befiehlt, die Juden nicht zu stören, im Gegenteil sie aus den Einkünften des Königs noch zu unterstützen, und bedroht jeden, der es wagt, diesen Befehl zu übertreten, mit grosser Strafe. Dem-gemäss wird der Tempel in des Darius sechstem Jahre vollendet.

Ob diese Erzählung nur unverfälschte Geschichte enthält, möchte ich angesichts des Briefes des Darius bezweifeln. Dazu ist sie auch nach Abzug dessen, was ich dem Redaktor zuschreiben zu müssen meinte, zu jüdisch gefärbt; eine rein deuteronomische Wendung wie „der Gott, der seinen Namen da wohnen lässt" (V. 12) ist sicherlich nicht von dem persischen Könige gebraucht. Auch ist das, was hier berichtet wird, über die Unterstützung, die Darius den Tempelbauern gewährte, m. E. nicht sehr glaubwürdig: nicht allein ist es undenkbar, dass Darius, wie er in 6.$_9$ verspricht, den Juden alle Erfordernisse zum täglichen Brand- und Speisopfer verschafft haben wird, woran später selbst nicht ein Artaxerxes, der grosse Gönner des Nehemia nach Neh. 10.$_{33}$ f., gedacht hat; sondern es ist auch bei dieser Voraussetzung unerklärlich, dass Haggai und Sacharja bei ihren Reden an die Tempelbauer mit keinem einzigen Worte dieser höchst günstigen Anordnungen des persischen Königs Erwähnung thun; hätten sie wohl sonst auf die geringen Mittel hinweisen können, die den Tempelbauern zur Verfügung standen, wie sie Hagg. 2.$_3$, Sach. 4.$_{7-10}$ thun, während den Juden aus den königlichen Einkünften die Vollendung ihres Werkes verbürgt war? (6.$_8$). Vielleicht hat der Redaktor in dem Briefe des Darius grössere Veränderungen vorgenommen, als ich oben meinte annehmen zu müssen; hat er diesen aber in seiner gegenwärtigen Form der Urkunde A. entnommen, dann hat diese eine Geschichte des Tempelbaus enthalten, die, im Grossen und Ganzen glaubwürdig, zugleich die Tendenz hatte, den Tempel durch die Vorstellung zu verherrlichen, dass er auf Befehl und mit Hilfe des persischen Königs erbaut wurde. Jedenfalls enthält diese Erzählung selbst keine Anspielung auf die Gola.

Das Merkmal der Urkunde B., zu der wir 5.$_{11-17}$, 6.$_{1.3-5}$ rechnen müssen, ist dies: der Tempelbau, nach A. erst in des Darius zweitem Jahre begonnen, ist schon unter Cyrus angefangen und von da ab ohne Unterbrechung bis in die Regierungszeit des Darius fortgesetzt. Cyrus hat diesen Bau nicht nur erlaubt, sondern befohlen; er ist ganz sein Werk, der Tempel in Wahrheit sein Tempel: er giebt die Masse an, bezahlt die Kosten, giebt die von Nebukadnezar geraubten Tempelgefässe zurück, sendet den Landpfleger Sesbazar, damit er den Tempel baue. Diese Darstellung zeigt Übereinstimmung mit der des Chronisten in Esra 1 — 4, weicht aber zugleich auch in mancher Hinsicht davon ab. Die Unterscheidungspunkte sind:

1. Nach dem Chronisten, Esra 3.$_8$—4.$_{24}$, ist der Tempelbau,

nachdem im zweiten Jahre der Regierung des Cyrus über Babel der Grund zum Tempel gelegt war, bis auf des Darius zweites Jahr unterbrochen. Nach Urkunde B. ist an demselben von damals an bis auf diese Zeit immer gebaut, 5. ₁₆.

2. Nach dem Chronisten ist der Tempelbau auf des Cyrus Befehl begonnen, und ist der Grund dazu von der Gola gelegt worden, welche der persische König zu diesem Zwecke aus Babel nach Palästina hatte zurückkehren lassen. Von einer Gola ist in unserer Urkunde keine Rede, weder in der Erklärung, die die Juden vor Thathnai ablegen (5. ₁₁ ₋₁₆), noch in dem von ihr berichteten Edikte des Cyrus (6. ₃ ₋₅). Man sage nicht: die Erlaubnis zur Rückkehr wird hier vorausgesetzt und allein deshalb nicht ausdrücklich berichtet, da keine Veranlassung dazu vorhanden war. Eine Veranlassung ist doch sicherlich vorhanden in 5. ₁₂ f. Hier sagen die Juden: „Da unsere Väter den Gott des Himmels erzürnt haben, hat dieser sie dem Nebukadnezar überliefert, dem Könige von Babel, dem Chaldäer; dieser hat dies Haus zerstört und das Volk gefangen nach Babel geführt." Wenn sie nun weiter sprechen: „Doch im ersten Jahre des Königs Cyrus, des Königs von Babel, hat König Cyrus" — so erwarten wir zu hören: ihnen erlaubt zurückzukehren, aber an Stelle davon oder von etwas Ähnlichem lesen wir: „hat König Cyrus Befehl gegeben, dies Haus zu erbauen." Wenn sie ferner von der Auslieferung der heiligen Gefässe berichten, so hätten sie doch in diesem Zusammenhange mit einem einzigen Worte der Rückkehr erwähnen und sagen können, die Gefässe seien von der Gola mitgenommen worden; aber nein, von der Gola kein Wort. Es heisst V. 14 nur: „sie wurden mitgegeben dem Sesbazar, den er zum Landpfleger bestellte." Ja offenbar wird dieser Sesbazar allein zum Bau des Tempels als Landpfleger nach Juda gesandt; der Zweck seiner Sendung wird von Cyrus mit diesen Worten ausgesprochen (V. 15): „Nimm diese Gefässe, ziehe hin und setze sie wieder in den Tempel zu Jerusalem und das Haus Gottes lass erbauen auf seiner früheren Stätte." Diesen Befehl hat Sesbazar ausgeführt (V. 16): „Da kam dieser Sesbazar und hat den Grund zum Gotteshause in Jerusalem gelegt" u. s. w. Ist hier Raum für die Gola? Wenn wir diese Erzählung einfach lesen, ohne etwas aus Esra 1, 3 hineinzulegen, so steht da: Als Cyrus den Tempel zu Jerusalem bauen wollte, hat er dazu Sesbazar als Landpfleger nach Juda gesandt. Und dieser hat, natürlich

mit Hilfe der dort wohnenden Juden, den Grund zu diesem Bau gelegt. Nach Urkunde B. ist also der zweite Tempel das Werk nicht der Juden, weder der Palästinensischen noch der Babylonischen, sondern des Cyrus.

Vergleichen wir diese Darstellung mit der der Urkunde A. und mit Haggai und Sacharja, so ist es einleuchtend, dass sie ihr Entstehen dem Bestreben verdankt, den Cyrus, den von Deutero-Jesaia (44. 28, 45. 1) bezeichneten Knecht Jahwes, zum Tempelerbauer zu machen[1]). Eine Vergleichung mit der Darstellung des Chronisten in Esra 1. 3. 4. lehrt, dass diese eine spätere Phase der Überlieferung über den Tempelbau darstellt: auf die Dauer konnte man sich nicht beruhigen bei dem Gedanken, dass Israels Heiligtum von einem Nicht-Israeliten erbaut sein solle. Dazu meinte man, dass der Tempelbau, der Beginn der Wiederherstellung Israels, nicht zu stande gekommen sein könne ohne Hilfe der Verbannten, die man später als das wahre Israel betrachtete, und die den Kern der „Gemeinde" bildeten. So ist die Darstellung des Chronisten aus der der Urkunde B. ganz natürlich entstanden: ohne die Verdienste des Cyrus des vom Jahwe angekündigten Herstellers Israels zu kürzen, stellte man die von Cyrus freigelassene Gola als die eigentlichen Tempelerbauer hin.

Von selbst haben wir nun auch die Antwort auf die Frage nach dem Verhältnisse des Sesbazar zu Serubabel gefunden. Während diese Männer früher auf Grund einer Vergleichung von Esra 3. 8, wo Serubabel, und 5. 16, wo Sesbazar unter Cyrus den Grund zum Tempel gelegt haben sollte, identifiziert wurden, hat vor kurzem ganz allgemein die Meinung Anklang gefunden, dass diese Namen zwei verschiedene Personen bezeichneten: Sesbazar war Landpfleger von Juda unter Cyrus, Serubabel unter Darius. Bei der Rückkehr würde dann Serubabel neben Sesbazar eine untergeordnete Stellung bekleidet haben, später aber zu dessen Nachfolger

---

1) Nach K u e n e n (Chronologie bl. 6 v. [278 v.]) haben diese Stellen, auf welchen Standpunkt auch man sich bei ihrer Beurteilung stelle, grosse Beweiskraft für die Meinung, dass eine Schaar Verbannter unter Cyrus aus Babylon zurückgekehrt ist. Anders nämlich, sucht K. zu beweisen, würden diese Weissagungen nicht den Nachkommen bewahrt geblieben sein. Dem kann ich nicht zustimmen, denn wenn man auch die Prophezeiungen oft nach den Ereignissen beurteilt, so bildete man doch auch nicht minder oft die Geschichte nach der Prophezeiung.

ernannt worden sein[1]). Diese Meinung wird im Grossen und
Ganzen durch unsere Untersuchung bestätigt. Nach Urkunde B.,
die den Beginn des Tempelbaus vordatiert, damit dem Cyrus die
Ehre zukomme, der Gründer des Tempels zu sein, ist Sesbazar,
der als Bevollmächtigter seines Königs in Juda auftritt, offenbar
ein Perser[2]). Als der Chronist die Darstellung seines Vorgängers
abänderte und die Hauptrolle in der Gründung des Tempels den
aus Babel zurückgekehrten Juden zuschrieb, lag es auf der Hand,
dass er auch einen Israeliten anstatt des Persers zum Haupte der
Tempelbauer machte. Demgemäss liess er den Grund des Heiligtums durch denselben legen, der unter Darius das Haupt der Juden
bei dem Tempelbau gewesen war, d. h. Serubabel (13.$_{8-13}$). Da
er aber in seiner Urkunde Sesbazar angeführt fand, hat er diesen
nicht negieren können, sondern ihn mit Serubabel indentifiziert und
zu einem Juden gemacht Dies ist doch ohne Zweifel die Absicht, wenn er Sesbazar 1.$_8$ הַנָּשִׂיא לִיהוּדָה, den Fürsten Judas
nennt und ihn 1.$_{11}$ als Haupt der zurückkehrenden Gola bezeichnet.
Wenn er nun in c 3 Sesbazar, den er in c 1 als Haupt der Gola
bezeichnet hat, stillschweigend durch Serubabel ersetzt; so will er
damit zu erkennen geben, dass Sesbazar und Serubabel zwei Namen
derselben Person sind. Um aber der Tradition, nach der Cyrus
die Tempelgefässe einem Perser übergeben hatte (5.$_{14f.}$), so viel
als möglich getreu zu bleiben, schiebt er nun in die Erzählung
von der Zustellung der heiligen Gefässe (1.$_8$) einen Perser Mithredath, den Schatzmeister, zwischen Cyrus und Sesbazar ein; dadurch tritt zugleich um so nachdrücklicher hervor, dass Sesbazar
Israelit ist. Dass derselbe Schriftsteller anderswo (I. Chron. 3.$_{18}$)

--- — — —

1) Dies ist die Meinung Stades, a. W., S. 98 ff.; und Kuenen,
Chronologie bl. 9—12 (281—284). Gegen ihn hat van Hoonacker (L. c.
p. 52—57) die traditionelle Ansicht verteidigt, die auch vertreten wird
von Bischof Hervey in The Expositor, July 1893, p. 59 f. Nach Howorth
(L. c. p. 174 f.) lebte Serubabel ungefähr ein Jahrhundert nach Sesbazar.

2) Ob Sesbazar ein babylonischer Name ist, ist, obwohl wahrscheinlich, doch nicht sicher. Die Hypothese van Hoonackers, dass er entstanden sei aus Sonnas-bil-usar ist nicht mehr als eine Vermutung. Ob
Sesbazar eine historische Person ist, und ferner ob er Landpfleger von
Juda gewesen ist, wissen wir ebensowenig. Doch ist es wohl wahrscheinlich; wie soll denn der Autor dieser Urkunde B anders zu diesem Namen
gekommen sein?

einen Sencazzar in Serubabels Geschlechtsregister erwähnt, hängt
wahrscheinlich auch mit dem Streben zusammen, Sesbazar ($\Sigma \alpha \nu \alpha$-
$\beta \acute{\alpha} \sigma \sigma \alpha \rho n_3$) zu einem Israeliten zu machen.

Das Resultat unserer Untersuchung ist also dies, dass die
Quellen des Chronisten in Esra 5. 6 nichts von einer Rückkehr
der Verbannten vor dem Tempelbau wissen, und ferner, dass die
Darstellung von der Erbauung des Tempels, die wir bei diesem
Schriftsteller finden, sich leicht als Entwickelung von Überlieferungen
erklären lässt, die in diesen Kapiteln noch erhalten sind.

C. Das Zeugnis von Esra c. 2 (Neh. c. 7. 6—73a).

Eines der gewichtigsten Argumente für die Glaubwürdigkeit
der Erzählung des Chronisten über die Rückkehr der Verbannten
unter Cyrus ist die in dem oben genannten Kapitel vorliegende Liste.

Hierin meint man nämlich eine Liste der unter Cyrus aus Babel
nach Kanaan Heimgekehrten zu besitzen. Diese Meinung stützt
sich 1) auf die Umgebung, in der sich diese Liste befindet, 2) auf
ihren Inhalt. Wir haben zu untersuchen, ob diese Gründe stichhaltig sind, und ob die Liste in der That das ist, wofür man sie
ausgiebt.

1) In Esra steht die Liste unmittelbar hinter dem Berichte,
dass die Verbannten unter Sesbazar aus Babel nach Jerusalem
hinaufgeführt wurden, und unmittelbar vor der Erzählung von der
Errichtung des Altars im siebenten Monat des zweiten Jahres der
Rückkehr. (Esra 3. 1. 6. 8). Dass derjenige, der sie hierher setzte,
darin ein Verzeichnis der unter Cyrus Zurückgekehrten sah, ist also
über allen Zweifel erhaben. Aber ebenso sicher ist dies nicht die
ursprüngliche Stelle der Liste. Was hier auf dieselbe folgt (3. 1):
„Als der siebente Monat anbrach, und die Israeliten in den
Städten waren, versammelte sich das Volk wie ein Mann," lesen
wir fast ebenso auch unmittelbar hinter diesem Verzeichnis Nehemia 7. 73b. 8. 1a; mit diesen Worten wird in Esra die Erzählung
vom Bau des Altars, in Nehemia die von der Vorlesung des Gesetzes eingeleitet. Diese sicher nicht zufällige Übereinstimmung
beweist, dass das Verzeichnis nach einer der beiden Stellen, in
denen es jetzt vorkommt, versetzt ist, und mit ihm ein Teil des
ursprünglichen Zusammenhangs. Es ist nur die Frage, wohin das

mitgenommene Stück von Haus aus gehörte. Sicher dorthin, wo es in Nehemia steht, und nicht in Esra[1]. Die Erzählung, die im erstgenannten Buche dadurch eingeleitet wird, ist offenbar in der Hauptsache historisch und berichtet etwas (s. Neh. 8. 13 ff.), was im siebenten Monate vorgefallen sein muss; dagegen ist das, was in Esra darauf folgt (wie wir oben S. 13 f. nachwiesen), höchstwahrscheinlich Erdichtung und weist obendrein nicht einmal notwendig auf den siebenten Monat; wohl wird auch hier (3. ₄) vom Laubhüttenfeste berichtet, und scheint also kein anderer als der siebente Monat angenommen werden zu können, aber der Vers in dem dies geschieht unterbricht den Zusammenhang und ist meines Erachtens sicher eingeschoben[2]. Das Verzeichnis muss also aus dem Zusammenhange, in dem es in Nehemia vorkommt, nach Esra übernommen sein; dass es hier steht, beweist also für seinen Charakter nichts und lehrt uns nur, wofür es der Redaktor von Esra gehalten hat.

Manch' einer wird dem zustimmen, dass das Verzeichnis in der That ursprünglich in Nehemia gehört, und doch der Meinung sein, dass es auch durch den Zusammenhang in diesem Buche zu einem Verzeichnisse der unter Cyrus Zurückgekehrten gestempelt wird. Man wird sich berufen auf das, was in Neh. 7. ₅ unmittelbar vorausgeht. Da lesen wir, dass Nehemia, als er sah, dass Jerusalem zu wenig bewohnt war, auf Anregung seines Gottes die Edelen und die Obersten und das Volk zusammenrief, um ein Geschlechtsverzeichnis anzulegen; „und da," so erzählt er, „fand ich das Geschlechtsbuch derer, die im Anfange hinaufgezogen waren,

---

1) Dies ist auch nachgewiesen von Kuenen Hk O². I, bl. 503 v.

2) Wenn V. 4 aufrecht erhalten wird, so entsteht hier eine unauflösliche Verwirrung. Denn dann bezieht sich אֵ֫֫֫֫ת־הַ֫֫֫֫מ des V. 5 auf das Laubhüttenfest, und wird gesagt, dass nach Laubhütten die „täglichen Brandopfer und (die Opfer) der Neumonden und aller Festtage des Herrn" dargebracht wurden, während es in V. 6 heisst, dass sie schon vom 1. Tage des 7. Monats ab begonnen haben, Jahwe darzubringen. Bertheau (Esra, Neh. und Esther Lpzg. 1887 S. 35) beschränkt diese Opfer auf den ersten Tag, den Neujahrstag, Num. 29. ₁₋₅; aber waren allein Opfer für diesen Tag gemeint, so hätte der Schreiber nicht sagen können: „vom ersten Tage des 7. Monats ab" begannen sie zu opfern, was doch voraussetzt, dass auch nach diesem Tage regelmässig Opfer gebracht wurden.

und fand darin geschrieben" — worauf dann unser Verzeichnis folgt. Nach dem Context enthält es also die Namen der im Anfange Hinaufgezogenen, womit wohl niemand Anderes, als die unter Cyrus Zurückgekehrten gemeint sein können. In der That ist dies die Meinung. Aber ist dieser Zusammenhang ursprünglich, oder erst späteren Ursprungs? Ich glaube sehr bestimmt das letzte. Denn was wir hier lesen, ist sehr verworren und unwahrscheinlich. Nehemia will offenbar Massregeln ergreifen zur Vermehrung von Jerusalems Bevölkerung. Nun ruft er dazu die gegenwärtige Bevölkerung zusammen, um ein Verzeichnis von ihnen anzulegen. Das ist vernünftig: damit er wisse, was gethan werden muss, sucht er den gegenwärtigen Stand im einzelnen zu erkennen. Würde uns nun hierauf ein Verzeichnis der Bevölkerung mitgeteilt, wie wir ein solches in Neh. 11. ₃₋₁₉ besitzen, so würden wir das höchst natürlich finden. Aber was um's Himmelswillen will denn hier der Bericht, dass Nehemia ein Verzeichnis der im Anfange Hinaufgezogenen fand? Es wird erzählt, als wäre dieser Fund für ihn ein unvorhergesehener Ausweg gewesen. Aber in welcher Beziehung konnte dies Verzeichnis ihm für seinen Zweck von Nutzen sein? Wollte er die jüdische Bevölkerung ausserhalb Jerusalems kennen lernen, dann gab es ihm viel zu wenig; es wohnten mehr Juden im Lande als die Zurückgekehrten; oder wollte er vielleicht untersuchen, wer von den gegenwärtigen Bewohnern Jerusalems zu den Wiedergekehrten gehörte? Dies hätte er aber auch ohne dies Verzeichnis von der bei ihm versammelten Menge vernehmen können. Es ist in der That nicht einzusehen, was das Verzeichnis für Nehemias Zweck bedeuten konnte. Anzunehmen, dass Nehemia, während er nach auf die frühere Bevölkerung Jerusalems bezüglichen Stücken suchte, zufällig dies Stück fand und dies in seiner Schrift mitteilte, ohne sich darum zu kümmern, dass er damit den Faden seiner Erzählung losliess, geht nicht an; denn nicht allein wird uns nicht mitgeteilt, dass Nehemia nach alten Stücken suchte, sondern es ist uns auch seine Erzählungsweise zu gut bekannt, als dass wir annehmen könnten, dass er seine Erzählung so ungeschickt unterbrochen habe durch eine Erzählung, die ganz und gar nicht in den Zusammenhang passt. Wenn wir dazu bedenken, dass der Redaktor hier aufhört den Memoiren des Nehemia, als zu weitschweifig, auf dem Fusse zu folgen, so wird es m. E. mehr als wahrscheinlich, dass dieser Redaktor die letzten Worte von

V. 5 überarbeitet hat,[1]) um damit das Verzeichnis, das ursprünglich in einem anderen Zusammenhange stand, einzuleiten. Wir
dürften diese Vermutung bei der Fortsetzung unserer Untersuchung
bestätigt finden.[2])

Die Stelle, an der das Verzeichnis in Esra und in Nehemia
vorkommt, beweist deshalb für seinen Charakter nichts.

2. Was den Inhalt betrifft, so erheischt zunächst die Überschrift (Esra 2.₁, Neh. 7.₆) unsere Aufmerksamkeit. Sie lautet folgendermassen: „Dies sind die Söhne der Landschaft, die heraufgezogen sind von den gefangen Weggeführten, die Nebukadnezar,
König von Babel, nach Babel geführt hatte, und die zurückgekehrt
sind nach Jerusalem und Juda, jeder nach seiner Stadt." Die Überschrift sagt nicht, dass die hier Genannten unter Cyrus, nicht einmal, dass sie bei ein und derselben Gelegenheit zurückgekehrt
sind. Sie lässt ein Verzeichnis der in Kanaan ansässigen Gola erwarten. Denn mit diesem Ausdrucke die „benê-hammedina (die
Söhne der Landschaft, der Provinz Juda) .... die zurückgekehrt
sind", sind nicht, wie Ryle[3]) will, die zurückgekehrten Verbannten
gemeint zum Unterschiede von den in Babel zurückgebliebenen
Juden; denn dann hätte hier stehen müssen: die Verbannten,
die zurückgekehrt sind nach der Landschaft, sondern: die Bevölkerung der Landschaft, insofern sie aus Verbannten bestand, zum
Unterschiede von anderen Bewohnern der Landschaft, die keine
Verbannten gewesen waren. Der Schreiber giebt also zu erkennen, dass das Verzeichnis, das er hier aufstellt, geschrieben ist in
einer Zeit, als Verbannte und Nicht-Verbannte in Juda zusammen-
wohnten, und dass er eine Aufzählung der Bewohner der Provinz
geben will, die zur Gola gerechnet werden müssen, und die Esra 2.₆₄
(Neh. 7.₆₆) „die Gemeinde" genannt werden. Vollkommen richtig
ist die Bedeutung der Überschrift von Dr. R. Smend[4]) in folgenden
Worten wiedergegeben: „In der Überschrift wird die Gemeinde
als bene ham-medina bezeichnet, d. h. als die Einwohnerschaft des
persischen Verwaltungsbezirkes Juda (vgl. Neh. 1.₃, 2.₃, Esra 5.₈).

---

1) Auch schon in V. 1 hat der Redaktor die letzten zwei Worte
eingeschoben.

2) S. unten.

3) Ezra and Nehemiah, edited bij H. E. Ryle, in The Cambridge
Bible for Schools and Colleges p. 16.

4) Die Listen der Bücher Esra und Nehemia (Basel 1881). S. 17 f.

Die Züge der Zurückkehrenden, soweit solche damals zu erwarten standen, waren angelangt, und das Land unter sie verteilt. Auch hatte die Gemeinde sich bereits vorläufig konstituiert; vgl. haq-qahal V. 66. Man hatte entschieden, welche Geschlechter in der Gemeinde bezw. in der Priesterschaft als vollberechtigt zu gelten hätten (Neh. 7.64f.)" u. s. w. Die Liste enthält also eine Angabe nicht der bei einer gewissen Gelegenheit zurückgekehrten Verbannten, sondern der in Palästina ansässigen Gemeinde. Sie erwähnt Geschlechter, von denen es offenbar war, dass sie „aus Israel" waren (Esra 2.59 f. Neh. 7.61 f.); nicht die Rückkehr aus Babel, sondern Abkunft und Geschlechtsregister haben entschieden, ob einer oder der anderen Familie ein — und so auch, welcher — Platz in der Liste zukam (Esra 2.62f. Neh. 7.64f.). — Mit den Worten: „die zurückgekehrt sind nach Jerusalem und Juda" sind also nicht allein die wirklich Zurückgekehrten, sondern auch diejenigen, die mit ihnen in Palästina sich zu einer Gemeinde zusammengeschlossen hatten, gemeint, in demselben Sinne, wie Neh. 8.17 die ganze Gemeinde „die aus der Gefangenschaft Zurückgekehrten" heisst.[1]) Da wir der folgenden Untersuchung über die Zeit, in der die Bildung der Gemeinde stattfand, nicht vorgreifen wollen, bestimmen wir jetzt noch nicht, in welche Zeit unsere Liste gehört, sondern stellen allein fest, dass die Überschrift kein Recht giebt, sie als eine Liste thatsächlich Zurückgekehrter, noch weniger, ausschliesslich zur Zeit des Cyrus Zurückgekehrter zu betrachten.

Dass es keine Liste von lauter gewesenen Verbannten ist, geht auch aus Esra 2.64f. Neh. 7.66f. hervor; die hier berichtete Gesamtzahl „der Gemeinde" übersteigt bei weitem die Zahl der von Nebukadnezar Weggeführten.[2]) Professor Kuenen, nach dessen Ansicht die Liste eine Liste von unter Cyrus Zurückgekehrten ist, erklärt die Verschiedenheit dadurch, dass die ursprünglich viel kleinere Ziffer dadurch vergrössert worden ist, dass die Palästinensischen Juden, die sich den Verbannten anschlossen und mit ihnen die Gemeinde bildeten, mit eingerechnet wurden. Auch nach

---

1) Vergl. Kuenen, Chronologie bl. 7 v. (279 v.)
2) S. Kuenen, Godsdienst van Israel II bl. 84—89. Nach I. Esra 5.41 sind die Kinder unter 12 Jahren nicht mitgerechnet; jedenfalls sind allein die Männer gezählt, so dass die Gesamtzahl von Smend (L. c. S. 17 u. 21) auf 150-200000 Menschen geschätzt wird.

ihm ist also die Liste eine Liste der nachexilischen Gemeinde, wenn auch nicht ursprünglich gewesen, so doch geworden. Da wir aber aus den Andeutungen der Überschrift gesehen haben, dass sie dies von Anfang an hat sein wollen, so ist für uns kein Grund vorhanden, diese Ziffer dem ursprünglichen Autor abzusprechen.

Ja wir können dies anführen zur Erhärtung der Behauptung, dass die Liste, obwohl sie eine Rückkehr von Verbannten voraussetzt, uns nichts über einen oder den anderen bestimmten Zug unter Cyrus oder später lehrt. Ferner nimmt die Liste Bezug auf die Zeit nach Cyrus. Der Tempelbau ist vollendet. Zwar steht diese Behauptung im Widerspruch mit Esra 2. 68f., wo wir eine unzweideutige Hindeutung auf die Errichtung des Tempels finden in den Worten „und manche Familienhäupter gaben, als sie zum Hause Jahves zu Jerusalem kamen, freiwillige Geschenke zum Hause Gottes, dass man es aufrichte an seiner Stätte"; aber diese Worte finden wir Neh. 7. 70—72 nicht; zweifelsohne sind sie bei der Versetzung der Liste nach Esra vom Redaktor eingeschoben worden.[1]) Gewöhnlich nimmt man nun aber an, dass auch die Redaktion von Nehemia, wenn auch nicht so deutlich, dasselbe wie der Text von Esra 2 berichtet, dass also auch dort von Gaben für den Tempelbau gesprochen werde.[2]) Dies lässt sich allein dadurch erklären, dass man unwillkürlich diese Stelle mit dem Auge des Redaktors von Esra betrachtet. Thatsächlich aber steht hier von Gaben für den Tempelbau nichts; wir lesen V. 70 ff.: „und einige der Familienhäupter gaben zum Werke. Der Thirsatha gab zum Schatze 1000 Dareiken Gold, 50 Opferschalen, 530 Priestergewänder. Und etliche Familienhäupter gaben zum Schatze des Werks u. s. w." Es fragt sich nun, was unter „dem Werke, dem Schatze und dem Schatze

---

1) S. Kuenen Hk O² I bl. 503 v.

2) So Bertheau, Smend, Kuenen, Ryle. Merkwürdig ist, dass Bischof Hervey in einer Abhandlung in The Espositor (June 1893 p. 431—443) umgekehrt Esra 2. 68 nach Neh. 7. 70—72 erklärt. Er behauptet ‏במלאכת העבודה‎ ‏להעמידו‎ bedeute nicht „dass man ihn aufrichte", sondern „it implies the existence of that which is to be „set up" or established". Sehr richtig legt übrigens dieser Gelehrte dar, dass Esra 2. 59 ff. (Neh. 7. 61 ff.) uns in die Zeit des Neh. versetze; das Recht aber, wie dieser Gelehrte that, das Vorausgehende davon zu trennen und in die Zeit Serubabels zu verlegen, halte ich für sehr zweifelhaft.

des Werks" zu verstehen sei. Durch Esra 2 irre geleitet, versteht man diese Worte von dem Fonds, aus dem die Kosten des Tempelbaus bestritten wurden. Doch diese Auffassung liegt etwas zu ferne: מְלָאכָה bedeutet sehr oft „der Dienst", näher der Dienst am oder im Heiligtum (I Chron. 23. 4. 24; 25. 1; 26. 29 f.; Neh. 10. 34, 11. 16, 13. 10); „der Schatz des Werkes" ist dann der Fonds, aus dem der Aufwand des Tempeldienstes bestritten wird, also dasselbe, wie der אֹצַר יי oder אֹצַר בֵּית יְהוָה (Jos. 6. 19. 24; I Chron. 29. 8). Gemeint sind also die Geschenke zum Besten des Fonds, nicht des Tempelbaus, sondern des Tempeldienstes.[1]) Diese Auffassung nun erhält ihre kräftigste Stütze durch den Charakter eines Teils der Gaben, nämlich die Priesterkleider. Es ist doch sehr unwahrscheinlich, dass die Juden, als sie Geld zusammenbrachten zum Tempelbau, mit Vorliebe sollten Priesterkleider geschenkt haben; dies erklärt sich viel besser aus der Zeit, da der Tempel schon bestand und man den Fonds, aus dem der Tempeldienst bestritten werden sollte, erhöhen wollte. Wir denken unwillkürlich an die Zeit, in die uns Neh. 10. 29—40 versetzt, als die „Gemeinde" sich zu allerlei Dienstleistung an den Tempel verband, um, wie es hiess, „das Haus unseres Gottes nicht im Stiche zu lassen." Jedenfalls ist die Zeit vor oder im Beginn des Tempelbaus bestimmt ausgeschlossen.

Der Thirsatha ist ein Titel, der ausser in unserer Liste (Esra 2. 63, Neh 7. 65. 70) allein noch Neh 8. 9 10. 2 vorkommt und da dem Nehemia beigelegt wird. Es liegt also nahe, auch hier an ihn zu denken,[2]) aber dann muss die Liste auf seine Zeit Bezug haben. Sieht man in ihr eine Liste der unter Cyrus Zurückgekehrten, dann muss der Thirsatha entweder Serubabel oder Sesbazar sein.[3]). Das erste ist unwahrscheinlich, da Thirsatha ein Titel des Landpflegers zu sein scheint, und Serubabel dies unter deren Rückkehr nicht war; das zweite aber nicht minder, da Sesbazar ein Perser war

---

1) Das Missverständnis des Autors von Esra 2. 68 f. hinsichtlich Neh. 7. 70—72 hat eine Parallele in Exod 38. 25—28, wo die Verordnung von Exod 30. 11—16 betreffend die Steuer für den Gottesdienst aufgefasst ist als eine Massregel zur Bestreitung der Kosten des Aufbaus der Stiftshütte.

2) I Esra 5. 40 sagt dies sogar ausdrücklich (Ναιμίας καὶ Ἀτθαρίας),

3) Das erste behaupten Bertheau-Ryssel a. a. O. S. 26 f.; Ryle L. c. p. 31 f.; das andere Kuenen, Chronologie bl. 11 (283) und bedingungsweise Smend a. a. O. S. 18 f.

und die Anordnung, die Esra 2. ₆₃ der Thirsatha trifft, nach der ganzen Sachlage nur ein angesehener Jude treffen konnte. Eine merkwürdige Angabe finden wir in der ersten Hälfte von Esra 2. ₂ und Neh. 7. ₇, die, wenn sie echter Bestandteil der ursprünglichen Liste wäre, kein geringes Gewicht zu Gunsten der von mir so eifrig bestrittenen Meinung in die Wagschale werfen würde. Hier werden nämlich zwölf Männer genannt, mit denen die Zurückgekehrten in das Land gekommen sind und unter diesen die wohlbekannten Häupter der Juden beim Tempelbau: Scrubabel und Josua. Sind diese beiden thatsächlich Anführer der Exulanten gewesen, so ist die Erzählung von der Rückkehr der Gola unter Cyrus so gut als irgend möglich beglaubigt, und dann muss unsere Liste als ein Verzeichnis damals Zurückgekehrter so gut oder so schlecht als möglich erklärt werden. Untersuchen wir, ob den Worten so viel Gewicht beizumessen ist.

Wir finden diese merkwürdige Angabe in allen drei Recensionen, in denen wir unsere Liste besitzen, mit Ausnahme einiger Abweichungen, meistens Schriftfehlern.[1] Wenn sie also nicht ursprünglich ist, so muss sie wenigstens vom Redaktor von Esra-Nehemia eingeschoben sein. Sie will offenbar besagen, dass die in der Liste Aufgezählten in einem Zuge nach Kanaan zurückgekehrt sind, unter Anführung dieser zwölf Männer. Dass hier nicht eine Aufzählung von Anführern verschiedener Züge beabsichtigt ist, geht aus der asyndetischen Verbindung der Namen hervor und aus der Zwölfzahl, welche natürlich zu erkennen giebt, dass die Zurückgekehrten „Israel" sind. Dies aber erweckt Misstrauen gegen die Angabe. Denn nach dieser Fiktion, dass die Zurückgekehrten die

1) Die Unterscheidungspunkte sind folgende:

Neh. 7. ₇	Esra 2. ₂	I. Esdr. 5. ₈
עֲזַרְיָה	שְׂרָיָה	Ζαραιας
רַעַמְיָה	רְעֵלָיָה	Ρησαιος
נַחֲמָנִי	מִסְפָּר	Ιασαρασος
רְחוּם	מִזְפָּר	Ροεσμος

Der letzte Name scheint in Esra, womit Esdras übereinstimmt, am reinsten erhalten zu sein (vergl. Neh. 10. ₂₆. ₂₈, wo ebenso wie hier Rehum neben Baäna vorkommt); übrigens müssen die Lesarten von Neh. über die von Esra gestellt werden. Nahemani, der in Esra fehlt, aber ausser in Nehemia auch in Esdras vorkommt (als Ἐνηνιος), muss hier eingefügt werden.

zwölf Stämme Israels repräsentieren, müsste der Tempel von Israel gebaut sein. Dies ist jedoch nicht der Fall; wir sahen oben, dass Haggai und Sacharja ihre Zeitgenossen niemals als „Israel" an- reden; auch in den Quellen des Chronisten in Esra 5 und 6 heisst die Bevölkerung des Landes stets „die Juden" oder „die Bevölke- rung von Juda und Jerusalem" (Esra 5. $_{1.5}$ 6. $_{7.14}$) und wird der Name „Israel" nur dann gebraucht, wenn das Volk in idealem oder historischem Sinne gemeint ist: der Gott „Israels", der „König Israels" (5. $_{1.11}$). Erst nach der Ankunft von Esras Gola finden wir in Kanaan ein Volk, das Israel heisst (Esra 8. $_{29}$. 9. $_{1}$. 10. $_{1}$. u. s. w.). Nur der Chronist setzt voraus, dass auch vor Esra ein Volk Israel, und wohl die zwölf Stämme, in Kanaan wohnte (3. $_{1}$. 6. $_{16.21}$). Aus diesen Gründen ist es unwahrscheinlich, dass schon vor dem Tempelbau eine Gola, die ganz Israel repräsentierte, in das jüdische Land ge- kommen sei. Ferner bedenke man Folgendes: Esra sieht in der Gola, die mit ihm ankommt, die Repräsentation der 12 Stämme; nicht nur teilt er mit (Esra 8. $_{35}$), dass sie bei ihrer Ankunft in Jerusalem zwölf Stiere, 96 Widder, 72 [1]) Lämmer, zwölf Böcke zum Sündopfer opferte, also immer die heilige Zahl oder ein Viel- faches von ihr; sondern Esra huldigt auch selbst in seinen Memoiren der Ansicht, dass er „Israel" aus der Verbannung mitbringe: zwölf Geschlechter kommen mit ihm (8. $_{3-14}$); zwölf Priestern und [2]) zwölf Leviten vertraut er die heiligen Gefässe an (8. $_{24}$). Die Frage danach ist berechtigt, ob Esra seine doch relativ kleine Schar (1496 Männer ohne die Nachkommen Aarons und Davids) als „Israel" hätte hinstellen können, wenn die Rückkehr der zwölf Stämme nach Palästina schon stattgefunden gehabt hätte. In diesem Falle näm- lich konnten die später mit Esra Kommenden auf den Namen „Israel" keinen Anspruch machen; sie mochten ein Teil des Volks Israel, sie mochten Israeliten sein, aber ihre Rückkehr konnte nicht als die Rückkehr „Israels" hingestellt werden.

Die Namen der zwölf flössen auch wenig Vertrauen ein: Bi- gevai ist nach Esra 2. $_{14}$ (Neh. 7. $_{19}$) 8. $_{14}$ Neh. 10. $_{17}$ der Name eines Geschlechts, ebenso wie Rehum und Baäna Neh. 10. $_{26.28}$. Da Asarja (עזריה) derselbe Name ist, wie Esra (עזרא), und diese beiden Namen auch anderswo (vergl. Neh. 10. $_{3}$ mit 12. $_{1}$, nach welch

---

1) Nach I. Esdr. 8. $_{63}$ (A) Hebr. Text. 77.
2) Lies mit I. Esdr. 8. $_{54}$ עשר שרי.

letzterer Stelle Esra mit Serubabel und Josua zurückgekehrt sein soll) verwechselt werden, da zugleich Asarja-Esra hier neben Nehemia vorkommt, so denken wir von selbst an die beiden bekannten Personen dieses Namens. Der Name Nahemani weckt den Verdacht, eine Abänderuug von Nehemia zu sein (נְחֶמְנִי u. נְחֶמְיָה) [1]). Aber ich glaube, das Gesagte genügt, um zu zeigen, dass diese Reihe Namen sich erklären lassen als das Werk des Chronisten, der auch anderswo zeigt, dass er sich auf die Kunst verstehe, Namen von verschiedenen Zeiten angehörigen Personen aneinander zu reihen und als Zeitgenossen hinzustellen.[2])

Wir untersuchen nun, ob die Erzählung, dass Serubabel und Jesua Verbannte gewesen, auch anders woher gestützt wird. Haggai und Sacharja, ihre Zeitgenossen, die ihrer öfters Erwähnung thun Hagg. 1.1·12—14 2.2·4·21·23 Sach. 3. 4.6—11) geben nicht den geringsten Anlass zu dieser Meinung.[3]) Besässen wir über Serubabel und Jesua keine andere Überlieferung, als die in den Schriften dieser Propheten niedergelegte, so dürfte wohl niemand auf den Gedanken kommen, dass diese Männer ausserhalb Palästinas geboren

---

1) Wir würden noch auf den Namen Mordochai hinweisen können, der ausser hier nur in Esther vorkommt und von dem Est. 2.5 gesagt wird, dass er zur Gola des Jechonja gehörte. Alte Exegeten haben in der That den Mordochai aus Esther hier gefunden und behauptet, er sei später wieder nach dem Osten gegangen. In dieser Meinung konnte wohl einst mehr Wahrheit liegen, als man jetzt denkt, nämlich in dem Sinne, dass der Chronist in diesem kleinen Verzeichnis die grossen Männer des Judentums nach der Verbannung beigefügt hat und neben Serubabel, Josua, Nehemia. Esra auch den bekannten Mordochai einer Stelle für würdig erachtet hat. Wenn auch in der Zeit des Chronisten unser Buch Esther noch nicht existierte: eine Purimlegende, in der Mordochai vorkam, war damals zweifelsohne schon bekannt.

2) Nehmen wir ein Beispiel aus Esra-Nehemia heraus! Screbja ist ein Levit, der mit Esra zurückgekehrt ist (Esra 8.1·): der Chronist macht ihn (Neh. 12.8) nebst Jesua und Kadmiël zu einem derer, die mit Serubabel zurückgekehrt sind; dieselben drei stellt er wieder Neh. 9.4f. als Zeitgenossen Nehemias hin.

3) Dieser Grund würde hinfällig sein, wenn, was Howorth (L. c. p. 326f.) meint, Esra 3.2—13 ursprünglich ein Bestandteil von Haggai gewesen wäre und in diesem Buche einst nach Hagg. 1.14 gestanden hätte. Diese Meinung aber ist nicht haltbar, schon darum, dass Esra 3 durchgehends das priesterliche Gesetz (P²) voraussetzt, welches Haggai nirgends zu kennen scheint.

seien. Ja, dureh Sach. 6.₁₅ wird die Meinung, dass sie zur Gola
gehörten, geradezu ausgeschlossen: wie konnte es denn sonst
Sacharja als etwas Merkwürdiges hinstellen, dass Menschen von
ferne kommen würden, um am Tempel mitzubauen, wenn sich schon
von ferne gekommene Menschen unter den Tempelbauern befanden,
ja ihre Anführer waren? Müssen wir Serubabel und Jesua als damals schon Zurückgekehrte ansehen, so ist die Kraft von Sacharjas
Weissagung gebrochen. Da sind dann einige Männer aus der Gola
mit Geschenken für den Tempelbau gekommen. Man zaudert, wie
es scheint, dieselben anzunehmen. Aber Jahwe sagt: Nehmt von
der Gola, was sie bringen. So wenig ist ihm ihre Gabe gleich-
giltig, dass ein Teil derselben zu einer Krone gemacht werden
muss, um die Krönung des Tempelbauers vorher darzustellen, und
dass er verkündigen lässt, es würden Menschen aus der Ferne nicht
nur Gaben bringen, sondern selbst bauen am Heiligtume Jahwes.
Wie matt und sinnlos wäre diese Weissagung, wenn Serubabel und
Jesua aus der Gola waren, und also das, was Sacharja prophezeit,
schon erfüllt war!

Das Argument gegen die babylonische Herkunft des Serubabel
und Jesua, das wir dem Haggai und Sacharja entnehmen, ist, obwohl nach der ganzen Sachlage ein argumentum e silentio, m. E.
von so grossem Gewichte, dass die Zeugnisse für die entgegen-
gesetzte Ansicht sehr stark sein müssen, um dasselbe entkräften zu
können. Diese Zeugnisse nun sind, abgesehen von der Stelle, die
uns jetzt beschäftigt, ausschliesslich dem Chronisten angehörig; wir
finden sie, ausser in den von seiner Hand stammenden Stücken
in Esra 1 — 6, noch in Neh. 12.₁ (Überschrift einer Liste, die nach
Smend a. a. O. S. 10 „in ihrer vorliegenden Gestalt erst vom Chronisten herrührt"), I Chron. 3.₁₇₋₁₉ 5.₂₇₋₄₁. Untersuchen wir den
Wert dieser Zeugnisse. Wir beschränken uns zunächst auf das Zeugnis über die Abstammung Serubabels. Nach I Chron. 3.₁₇₋₁₉ ist er
ein Abkömmling des Königs Jechonja (Jojachin¹,¹) der im Jahre 597
naeh Babel geführt wurde, und dessen Nachkommen, also auch
Serubabel, im Lande der Verbannung geboren sein müssen. Ist
diese Genealogie richtig? Ist es wahrscheinlich, dass Serubabel

---

1) Serubabel ist hier, wie es scheint, ben Pedaja (Bruder des Sealthiël) ben Jechonja, des gefangen Weggeführten (Assir.). Anderswo heisst
er stets ben Sealthiël; doch vielleicht muss auch 3.₁₉ mit dem griechischen
Übersetzer anstatt „Pedaja" gelesen werden Sealthiël.

ein Davidit war? Ich beantworte diese Fragen mit „nein": Es wäre dann unbegreiflich, dass Haggai und Sacharja auf diese Abstammung kein Gewicht gelegt haben. Sie erachten ihn zur königlichen Herrlichkeit berufen (Hagg. 1.₂₃, Sach. 6.₁₂ f.). Sollten sie denn die Stütze, die ihre Erwartung in der davidischen Abstammung ihres Helden haben musste, ohne Notwendigkeit nicht berücksichtigt haben, niemals darauf hingewiesen haben, dass mit Serubabels Erhöhung, die sie erwarteten, das alte ruhmreiche Königshaus in Glanz wieder hergestellt werden würde? Dass sie, ebensowenig als die alte Urkunde Esra 5.₁ ff. mit keinem Worte diese davidische Abstammung berühren, lässt dieselbe sehr zweifelhaft erscheinen. Dieser Zweifel wird noch genährt durch die Erwägung, dass der persische Souverain doch wohl auch nicht leicht einen Abkömmling des alten Königshauses zum Landpfleger Judas bestellt haben wird. Man sage nicht, es spreche aber dafür die Gunst, die Evilmerodach nach II. Kön. 25.₂₇₋₃₀ Serubabels vorgeblichen Ahnherrn Jojachin bewiesen habe; wie gross diese Gunst auch war: sie war nicht gefährlich, nicht unpolitisch, wie es die Einsetzung eines seiner Nachkommen zum Landpfleger Judas gewesen sein würde; soweit dürften die persischen Könige in ihrer Gunstbezeugung gegen das von seiner Höhe gesunkene Königshaus Davids nicht gegangen sein. Obendrein aber ist die Tendenz der Genealogie, wie sie der Chronist liefert, zu durchsichtig, als dass man ihr auch nur einen Augenblick trauen dürfte. Der Schreiber nämlich, der David, in dem er den eigentlichen Tempelstifter sieht, so verherrlicht, dass dieser ihm beinahe als ein zweiter Moses gilt, will auch den Stifter des zweiten Tempels an dem davidischen Geschlechte teilhaben lassen: der von David gebaute Tempel war durch einen Nachkommen Davids hergestellt. Wenn also, wie ich glaube, die Glaubwürdigkeit der Liste von I. Chron. 3.₁₇₋₁₉ [1]) und damit dei davidische Abstammung

---

1) In dieser Liste ist vielleicht auch Sesbazar versteckt, den der Chronist, sei es auch nur zaudernd, mit Serubabel zu identifizieren trachtet. Unter den Brüdern des Sealthiël treffen wir neben Serubabels Vater Pedaja einen שנאצר an, einen Namen, der stark anklingt an Σαβαναΰαρ (Α Σασαβασσαρος), wie Sesbazar in den Griechischen Übers., oder an Σαναμασσαρος, Σαμανασσαρος (Α Σαναβασσαρος), wie er in I Esdr. 2.₁₁.₁₄ heisst. Howorth (L. c. p. 175) leitet aus I Chron. 3.₈ (3.₁₈) ab, dass der Sesbazar in Esra 1 von David abstammte. Dies Vertrauen auf die Glaubwürdigkeit von des Chronisten Listen ist in der That zu stark.

Serubabels sehr fraglich ist, so fällt damit eine starke, abgesehen von Esra 2.₂, die einzige Stütze der Überlieferung, dass Serubabel ein zurückgekehrter Verbannter gewesen sei.

Diese Stütze wird auch nicht wieder durch die Etymologie des Namens erbracht. Man hat diesen auf allerlei Weise erklärt, als: der nach Babel Verstreute (בבל זרוי), der in Babel Erzeugte (בבל ירוי), und nun zeuletzt hat van Hoonacker vermutet בבל רוי = opprime Babelem.[1] Doch alle diese Ableitungen sind höchst unsicher. Hätten Haggai und Sacharja eine dieser Bedeutungen in dem Namen gefunden, so würden sie sicherlich, in Verbindung mit den hohen Erwartungen, mit denen sie ihm entgegensahen, darauf angespielt haben.

Nicht besser steht es mit dem Erweis für die babylonische Herkunft des Josua oder Jesua ben Jozadak, des Hohenpriesters. Nach I. Chron. 5.₂₇₋₄₁, wo die Genealogie der Hohenpriester vor der Verbannung, von Aaron bis auf Jozadak gegeben würde, wird Josuas Vater Jozadak der Sohn des zu Ribba im Lande Hamath getöteten Oberpriesters Seraja (II. Kön. 25.₁₈₋₂₁, Jer. 52.₂₄₋₂₇) gewesen sein und selbst (V. 41) in die Verbannung gegangen sein. Nach dieser Liste muss also Josua in Babel geboren sein. Dass sie jedoch keinen Glauben verdient, wird fast allgemein anerkannt. Denn es gab gar keine Hohenpriester[2] vor der Verbannung. Doch hat man, während man die Glaubwürdigkeit der Liste verneinte, öfters noch festgehalten an der Genealogie: Seraja-Jozadak-Josua. Mit welchem Rechte? Es ist doch allzu klar, dass erst der Chronist Seraja zu Jozadaks Vater gemacht hat. Da dieser der Ansicht huldigte, das hohepriesterliche Amt habe seit Mosis Zeit bestanden, und alle, die dies Amt bekleidet hatten, stammten von Aaron ab, musste er natürlich glauben, der Hohepriester, den er in den Be-

---

1) L. c. p. 44—46. Van Hoonacker sagt: Wir können den Namen als nach Analogie assyrischer und babylonischer Namen gebildet betrachten. Der erste Teil ist dann ein Imperativ eines Aram. Zeitworts, das „einschliessen" bedeutet, und auch Job 6.₁₇ vorkommt. Doch das Zeitwort bedeutet in der angeführten Hiobstelle wahrscheinlich etwas Anderes (s. Matthes Het Boek Job bl. 41). Und ferner, wie unglaublich ist es, dass ein Unterbefehlshaber des persischen Königs, der zugleich König von Babylon war, nicht hie und da heimlich, sondern öffentlich, in Schriften „Vernichte Babel" genannt sein solle.

2) S. z. B. Wellhausen, Prolegomena zur Geschichte Israels (Berlin 1886) S. 228 f.

richten über den Tempelbau erwähnt fand, gehöre auch zu dieser
hohepriesterlichen Linie; las er nun im Königsbuche von einem
Hohenpriester Seraja, der von Nebukadnezar getötet worden war,
so musste dieser der letzte Hohepriester vor der Verbannung gewesen sein; was war einfacher, als Josuas Vater Jozadak zum Sohne
dieses Seraja zu machen und so den ersten nachexilischen Hohenpriester zu verbinden mit dem letzten Oberpriester vor dem Exil.
Die babylonische Herkunft Josuas ist also eben so schlecht verbürgt, als die des Serubabel; gegenüber dem kräftigen argumentum
e silentio des Haggai und Sacharja lässt sich die Darstellung des
Chronisten nicht halten.

In der That, der Bericht über die zwölf Anführer der Gola ist
grossen Bedenken unterworfen; bedenken wir dazu, dass er nicht
zu dem Charakter, den wir der Liste zuerkennen zu müssen glaub-
ten, stimmt, dann kommen wir zu dem Schluss, dass wir hier eine
Einschaltung des Redaktors haben, der damit die Liste zu einer
Liste der unter Cyrus Zurückgekehrten machen wollte. Damit wird
auch das Zeugnis dieser Liste zu Gunsten der Darstellung des
Chronisten über die Rückkehr der Verbannten unter Cyrus hinfällig.

Nach alledem ist es also im hohen Grade unwahrscheinlich,
dass schon zur Zeit des Tempelbaus eine Gola nach Palästina zurückgekehrt war.

2. Kapitel.

Die Wiederherstellung der Mauer Jerusalems.

Das zweite grosse Ereignis in der Geschichte der Wiederherstellung Israels ist die Erbauung der Mauer Jerusalems. Ein
ziemlich ausführlicher, sehr glaubwürdiger Bericht hierüber ist uns
in Neh. $1._1 - 7._5$ aufbewahrt geblieben aus den eigenen Schriften des
Mannes, unter dessen Leitung das Werk zu stande gebracht wurde.
Über die Verhältnisse, unter denen, und die Zeit, in der der Mauerbau stattfand, werden wir auf das eingehendste belehrt; die von
französischen Gelehrten verteidigte Ansicht,[1]) der persische König
Arthasastha, in dessen zwanzigstem Jahre Nehemia nach Jerusalem

---

1) Ihnen hat sich jetzt Howorth (L. c. p. 346 f.) angeschlossen.

zog (Neh. 1.₁, 2.₁, 5.₁₄), sei nicht Artaxerxes I. Longimanus (465 bis 424), sondern Artaxerxes II. Mnemon (404—359) gewesen, hat mit Recht keinen Beifall gefunden. Es scheint demnach, dass über diese Thatsache keine Meinungsverschiedenheit mehr bestehen kann. Und doch ist dies der Fall. Es erhebt sich nämlich auch hier, ebenso wie bei der Geschichte des Tempelbaus, die Frage, ob zurückgekehrte Verbannte am Bau der Mauer mitgewirkt haben, oder nicht. Ich für mein Teil glaube, wie ich es auch im vorigen Kapitel dargelegt habe, dass von einer unter Cyrus zurückgekehrten Gola keine Rede sein kann; aber es ist nun die Frage: waren die mit Esra angekommenen Verbannten schon im Lande, als Nehemia seine grosse Arbeit in Angriff nahm? mit anderen Worten: geht die Ankunft von Esras Gola der Reise Nehemias nach Jerusalem voraus, oder folgt sie ihr nach? Im Jahre 1890 hat der schon mehrmals genannte Professor zu Löwen A. van Hoonacker bei J. B. Istas (Louvain) eine Studie erscheinen lassen unter dem Titel „Néhémie et Esdras. Nouvelle hypothèse sur la Chronologie de l'époque de la Restauration,[1]) in der er nachzuweisen sucht, dass Esra 7—10 der Zeit nach auf das im Buche Nehemia Erzählte folgen müsse, und dass der Arthasastha, in dessen siebentem Jahre Esra mit seiner Schaar nach Jerusalem kam (Esra 7.₈), nicht Artaxerxes Longimanus, sondern Artaxerxes Mnemon gewesen ist, so dass 398 v. Chr. das Jahr der Ankunft von Esras Gola war. Professor Kuenen hat in einem meisterhaften, in der Königl. Akademie der Wissenschaften gehaltenen und unter dem Titel De Chronologie van het Perzische tijdvak der Joodsche Geschiedenis gedruckten Vortrage die neue Hypothese einer eingehenden Untersuchung unterworfen, aber obwohl er den grossen Scharfsinn ihres Verteidigers bereitwillig anerkennt, für unhaltbar befunden. Van Hoonacker ist dadurch aber nicht überzeugt worden; im Jahre 1892, also nach Kuenens Tode, erschien von seiner Hand bei H. Engelcke (Gand et Leipzig) Néhémie en l'an 20 d'Artaxerxès I, Esdras en l'an 7 d'Artaxerès II. Réponse à un Mémoire de A. Kuenen,[2]) worin er die gegen seine Hypothese erbrachten Argumente zu widerlegen sucht und diese in ihrem ganzen Umfange festhält. Es ist selbstverständlich, dass diese Frage für unsere Untersuchung über die

---

1) Wir citieren diese Schrift im Folgenden als NE.¹
2) Dies Buch bezeichnen wir mit NE.².

Geschichte der Wiederherstellung Israels von allergrösstem Belang ist, und dass wir hierzu Stellung nehmen müssen. So aber, wie die Frage in dem Streite zwischen K u e n e n und v a n H o o n a c k e r gestellt ist, möchte ich sie nicht gern in dem einen oder dem anderen Sinne beantworten. Es kommt mir vor, als ginge es nicht an, das Buch Nehemia als Ganzes zu nehmen und nun zu fragen: gehört dies vor oder nach Esra 7 — 10? Denn Nehemia ist zusammen-gesetzt aus Stücken von verschiedenem Alter. Es könnte also doch wohl sein, dass ein Teil derselben uns in die Zeit vor Esras An-kunft versetzte, ein anderer Teil diese Ankunft voraussetzte. Es erwächst uns also jetzt die Aufgabe, die verschiedenen Teile einzeln zu untersuchen und zu bestimmen, in welchem Verhältnis sie zu dem uns in Esra 7 — 9 Mitgeteilten stehen. Wir widmen in diesem Kapitel unsere Aufmerksamkeit den Berichten· über die Erbauung der Mauer und untersuchen, ob sie die Anwesenheit von Esras Gola voraussetzen. In Betracht kommen an erster Stelle Neh. $1._1 - 7._5$, wo der Bau, und $12._{27-43}$, wo die Einweihung der Mauer erzählt wird. In zweiter Stelle aber nehmen wir auch Esra $4._{6-23}$, das sich auch auf einen Mauerbau bezieht, in unsere Untersuchung auf.

---

§ 1. Der Bau der Mauer und Esras Gola.

In der Erzählung über die Erbauung der Mauer von Jerusalem (Neh. $1._1 - 7._5$) spielt Nehemia nicht ein einziges Mal auf eine Rück-kehr Verbannter an; befanden sie sich in dem jüdischen Kreise, in dem Nehemia auftrat, so haben sie da nur latent bestanden. Auch Neh. $1._2$ f. wird die Gola nicht vorausgesetzt. Hier erzählt Nehemia, dass er, als einer seiner Brüder, Hanani, mit einigen Männern aus Juda zu ihm nach Susa kam, diesen nach den Juden fragte, den Entkommenen ‏אֲשֶׁר נִשְׁאֲרוּ מִן הַשְּׁבִי‎, die er gleich darauf auch ‏אֲשֶׁר‎ ‏הַנִּשְׁאָרִים‎ ‏שָׁם‎ nennt. Man kann ‏שְׁבִי‎ auffassen als „ge-fangen Weggeführte;" dann muss ‏מִן הַשְּׁבִי‎ erklärt werden nach Ruth $1._5$ und die Übersetzung lauten: „Die von den gefangen Weg-geführten zurückgelassenen;" oder man kann es nehmen in dem Sinne von „Gefangenschaft", und dann bedeuten die Worte: „Die von der Wegführung als Gefangene übrig Gebliebenen, die derselben

entkommen, also selbst nicht weggeführt sind.[1]) Jedenfalls sind die
im Lande gebliebenen Juden gemeint.[2]) Mit Recht stimmt dem
Bertheau[3]) zu mit den Worten des alten Reuss „genau genommen, die Nachkommen jener, die die Gefangenschaft überlebten;"
was dieser aber dem vorausgehen lässt: „die Mitglieder der wiederhergestellten Gemeinde im Lande Juda" steht im Texte nicht.
Einen Beweis dafür, dass Nehemia eine Gola in Palästina kenne,
finden manche auch in Neh. 5.₈. Hier sagt er aus Anlass der
Klagen des Volks über Verarmung und Aussaugung zu den Edeln
und Regenten: „Wir haben unsere Brüder, die Juden, die ver-
kauft waren an die Völker, ... losgekauft und ihr wolltet" u. s. w.
Oettli[4]) macht hierzu die Bemerkung: „Wir, Neh. und andere
begüterte Juden im Exil;" ebenso Bertheau[5]): „Die im Exil
lebenden Juden," im Gegensatze zu den schon lange in Jerusalem
wohnenden Gliedern der Gemeinde. Doch warum muss es dieser
Gegensatz sein: Wir, Juden in der Fremde, und ihr, palästinensische Juden? Ryle[6]) macht die richtige Bemerkung, dass „Nehemia [refers] possibly also to his action in Jerusalem since his
arrival." In der That ist der Gegensatz dieser: ich und meine
Geistesverwandten („meine Brüder und meine Knaben" V. 10) haben
anders gehandelt, als ihr, gegen welche Klage geführt wird. Es
ist keine Rede von einem Loskaufen von Juden aus der Verbannung, sondern von solchen, die in Palästina durch Armut der
Sklaverei verfallen waren.

Sind diese Beweise für die Anwesenheit von Verbannten in
Jerusalem zur Zeit des Mauerbaus nicht durchschlagend, so ist andererseits dasjenige, was dagegen spricht, nicht ohne Gewicht. So
geht das Gebet des Nehemia 1.₅₋₁₁ₐ durchgehends von der Voraus-
aussetzung aus, dass Israel noch in der Verbannung ist; man lese
vornehmlich V. 8 f.: „Gedenke aber doch an das Wort, das du

---

1) Einen ähnlichen Ausdruck finden wir 2 Chron. 30.₆, wo die „im
Lande" übrig gebliebene Bevölkerung Nord-Israels heist. הַפְּלֵיטָה הַנִּשְׁאֶרֶת
כָּל־בְּבֵית דָּוִד מִיּשְׂרָאֵל.
2) Anders Kuenen, Chronologie bl. 7 (279).
3) a. a. O. S. 133.
4) Die geschichtlichen Hagiographen und das Buch Daniel ausgelegt
von S. Oettli und J. Meinhold S. 188.
5) a. a. O. S. 240.
6) L. c. p. 210.

deinem Knechte Moses gebotest und sprachest: Wenn ihr treulos handelt, so will ich euch zerstreuen unter die Völker, wo ihr euch aber bekehret zu mir . . . . . so will ich eure Vertriebenen . . . . . versammeln und sie bringen an den Ort, den ich auserkoren habe, dass mein Name daselbst wohne." Kann man dies Gebet unge-zwungen erklären, wenn die Gola, und wäre es auch nur teilweise, schon zurückgekehrt ist? Wie konnte Nehemia Gott erinnern an die Verheissung, dass er die Verstreuten sammeln werde, und ihn bitten, dass sie Gott erfülle, wenn die Erfüllung schon begonnen hatte! In der That; mit dieser Voraussetzung wird Nehemias Ge-bet höchst sonderbar.

Auch die Art und Weise, auf die Nehemia (6.$_{17}$ f.) über die jüdischen Obersten spricht, die mit dem Ammoniter Tobia verschwä-gert waren, ist nicht zu erklären, wenn man annimmt, dass Esras Massregeln gegen die Mischehen (Esra 9. 10.) schon getroffen waren und also Verschwägerung mit Fremden für Sünde galt. Was Ne-hemia reizt, ist das gute Einvernehmen von Juden mit seinem Feinde Tobia, nicht ihre Verschwägerung mit ihm, die allein zur Erklärung ihres vaterlandsfeindlichen Betragens angeführt wird. Seine Worte belehren uns wohl, wie man dazu kam, Verschwägerung mit Frem-den zu misbilligen, enthalten aber diese Misbilligung selbst noch nicht.[1]

[1] S. die Darlegung van Hoonackers NE.[1] p. 39 suiv. Der Beweis dafür, den dieser Gelehrte (p. 41—43) dem Umstande entnimmt, dass nach Nehemia die Juden inmitten von Fremden wohnten, mit denen sie gewisse Verbindungen unterhielten, dürfte meiner Auffassung nicht hinderlich sein. Denn dieser Zustand ist auch durch die Bildung der Gemeinde, die so-genannte Absonderung von den Völkern des Landes und die Massregeln Esras nicht von Grund aus geändert. Nch. 4.₆ beweist dazu nichts für „relations intimes" zwischen den Juden und ihrer heidnischen Umgebung, und Neh. 5.₁₇ noch weniger. Nach v. H. würde Nehemia hier sagen, dass er seinen Tisch auch für Nicht-Juden, Fremdlinge frei gehalten habe, „qui venaient traiter avec lui ou embrassaient la cause du Juifs." Dann würde also diese Stelle ein gutes Einvernehmen zwischen Nehemia und den Völkern des Landes beweisen, wie es nach Esra 9. 10 für unmöglich er-achtet werden muss. Nun kann man über die Auffassung dieses Verses verschiedener Meinung sein, aber in keinem Falle kann m. E. an Nicht-Juden gedacht werden. Denn Nehemia erwähnt hier (V. 14—19) seine Verdienste um sein Volk, u. a., dass er seine Tafel für die Juden immer gedeckt gehabt habe, sowohl für die Regenten, als für diejenigen, die von den umwohnenden Völkern zu uns kamen. Mögen wir nun mit Bertheau

Lehrreich ist eine Vergleichung der Namen der Erbauer der Mauer (Neh. 3) mit Esra 8.₂₋₁₄, ₁₆, ₁₈ f., ₂₄, wo die Geschlechter und Geschlechtshäupter, wie auch einige Obersten, Priester und Leviten aufgezählt werden, die mit Esra nach Palästina zurückgekehrt sind.[1]) Von diesen letzteren kommt kein einziger unter den Erbauern der Mauer vor; dies verdient aber ganz besondere Aufmerksamkeit, da mit Esra offenbar sehr angesehene Männer, Geschlechtshäupter, Priester aus den Geschlechtern Pinehas und Ithamar, selbst ein Davidit, nach Jerusalem gekommen sind. Der einzige Erbauer der Mauer, den Esra erwähnt (vergl. Esra 8.₃₃ mit Neh. 3.₄.₂₁), ist Meremoth ben Uria; aber er erwähnt denselben nicht als einen Zurückgekehrten, sondern als einen, den er, als er nach Jerusalem kam, daselbst als einen Dienst thuenden Priester traf. Den Hasabja, einen der Leviten, die Esra mitbrachte (8.₁₉), dürfen wir nicht mit dem gleichnamigen Erbauer der Mauer (Neh. 3.₁₇) identificieren. Denn dieser heisst „der Fürst des halben Distrikts Kegila" und es ist undenkbar, dass die Leviten, deren Stellung in Nehemias Zeit nichts weniger als begehrenswert war, solche Ehrenstellen bekleidet haben sollten. Der Erbauer der Mauer, Hattus ben Hasabneja (Neh. 3.₁₀), ist sicher ein anderer als der Davidit Hattus (Esra 8.₂); hätte Nehemia diesen gemeint, dann würde er seinen Titel wohl nicht verschwiegen haben. Dass unter den mit Esra ins Vaterland Zurückgekehrten ein Mesullam vorkommt (Esra 8.₁₆) und auch zwei Männer, die an der Mauer bauten, diesen Namen tragen (Neh. 3.₄.₆.₃₀), beweist nichts anderes, als dass dies in dieser Zeit ein gebräuchlicher Name war. Auch folgt aus einer Vergleichung von Esra 8.₄ mit Neh. 3.₁₁, an welch' beiden Stellen das Geschlecht Pahath-Moab erwähnt wird, allein dies, dass von diesem Geschlechte, von dem Etliche mit Esra zurückkehrten, ebenso wie von so vielen anderen, auch schon bevor er nach Jerusalem kam, Leute daselbst waren. Nach der Zeitfolge, in der in Esra-Nehemia die Ereignisse geord-

---

und R y l e annehmen, dass „die Juden" der gemeinschaftliche Name für die Obersten und die, die aus der Fremde kamen, war, oder mit R e u s s der Meinung sein, dass hier drei Klassen aufgezählt werden: jedenfalls will Nehemia sagen, was er für „dies Volk" (V. 19) gethan habe. Die Erwähnung seines Wohlwollens gegen Fremde wäre in diesem Zusammenhange unangebracht.

1) Die Liste Esra 10.₂₀—₄₃ lassen wir hier beiseite; es ist nicht sicher, dass sie in ihrer ursprünglichen Gestalt auf uns gekommen ist.

net werden, erwarten wir die mit Esra zurückgekehrte Gola unter
den Erbauern der Mauer zu finden; denn diese Verbannten kamen
ja mit grossen Erwartungen und waren von Eifer für die Wiederherstellung Israels erfüllt; würden sie nicht unter die eifrigsten Gefährten Nehemias gehört, würden sie nicht in den ersten Reihen
der Erbauer der Mauer gestanden haben? Wenn wir dann in der
Liste dieser Erbauer der Mauer kaum einen einzigen Namen antreffen, der auch in der von Esras Gola zu finden ist, wenn andererseits weder Esra noch einer der Geschlechtshäupter oder Priester,
die mit ihm zogen, darin genannt wird, haben wir dann nicht recht,
zu urteilen: diese Gola war damals noch nicht in Jerusalem?

Dieser Folgerung scheint aber Neh. 12.$_{27-43}$ gewaltig zu wider-
streiten. Dieser Abschnitt, wird man sagen, in dem Nehemia selbst
spricht, und der also seinen Memoiren entlehnt ist, ist die notwendige
Folge von Neh. 1.$_1$ — 7.$_5$. Die Einweihung der Mauer, die darin
erzählt wird, kann nicht allzulange nach dem Bau derselben stattgefunden haben; denn was sollte denn den Nehemia bewogen
haben, so lange mit der Einweihung der Mauer, deren gänzliche
Vollendung schon 6.$_{15}$, 7.$_1$ berichtet ist, zu zögern? Und dazu
geht aus Neh. 13.$_{10}$ deutlich hervor, dass Nehemia vor dem 12. Jahre
seiner Landpflegerschaft Massregeln getroffen hat, die Leviten nach
Jerusalem zu versetzen; da sie zur Zeit der Einweihung der Mauer
noch ausserhalb Jerusalems wohnen (V. 27), so muss diese also
geraume Zeit früher stattgefunden haben. In diesem Stücke tritt
zudem noch Esra auf, und noch dazu als eine der Hauptpersonen
bei dem Feste. Muss er also nicht schon zur Zeit des Mauerbaus
in Jerusalem gewesen sein, und deshalb die Ankunft von Esras Gola
diesem Bau vorangegangen sein? Dieser Folgerung sucht sich
van Hoonacker[1]) zu entziehen, indem er annimmt, dass Esra,
bevor er die Verbannten aus Babel führte, zu Jerusalem wohnte
und die Einweihung der Mauer vor seiner Abreise nach Babel stattfand. Übereinstimmend damit behauptet er dann, dass Esra in der
von Nehemia organisierten Prozession keinen Ehrenplatz eingenommen hat, und dass derselbe damals noch ein Jüngling gewesen sein
muss, der seine Carrière noch vor sich hatte. Er behauptet: der
Ehrenplatz, den Nehemia in dem einen Chore inne hatte, wurde im
anderen, zu dem Esra gehörte, von Hosaja eingenommen, während

---

1) NE.[1] p. 65 und NE.[2] p. 55—57.

nur der Vorsteher von neun Sängern war. Mit K u e ŋ e n bin ich
gegen v a n H o o n a c k e r der Meinung, dass in der Erzählung, wie
sie uns vorliegt, Esra eine Ehrenstelle bekleidet; derjenige, der die
Worte „und Esra an ihrer Spitze" (V. 36) geschrieben hat, hat damit nicht sagen wollen, dass derselbe allein vor den neun gerade genannten Sängern, deren Haupt ja Sacharja war, einherging, sondern
auch vor den V. 33—35 a erwähnten Priestern; sollte er dem
Priester Esra eine niedrigere Rolle angewiesen haben, als seinen
Standesgenossen, und ihn zur Stellung eines Leviten haben herab-
steigen lassen? Dafür ist kein Grund zu finden; wer auch die
Worte geschrieben hat, Nehemia oder ein anderer: er hat nichts
anderes gemeint als: Esra ging an der Spitze derer, die von
V. 32 oder 33 ab genannt sind.[1]) Wenn wir nun aber fragen: wo
ging Esra dann: vor, neben oder unmittelbar hinter Hosaja? oder
hinter den Fürsten und vor den Priestern? so gelingt es uns nicht,
hierauf die Antwort zu finden. Ebensowenig vermögen wir die
Gründe zu entdecken, aus denen hier Nehemia eine so undeutliche
Darstellung gegeben haben soll und den Esra nicht an der Stelle
genannt hat, an die er im Aufzuge gehörte? Warum hinkt die Erwähnung Esras, der doch eine Ehrenstelle einnahm, so hintennach?
Diese wirklich nicht gesuchten Fragen finden eine leidliche Beantwortung allein bei der Annahme, dass die Erwähnung Esras nicht
von Nehemia stammt, sondern von Jemand eingeschoben ist, der
Esra in dem Aufzuge vermisste und nichts Besseres zu thun
wusste, als ihn noch am Ende der Aufzählung als einen Anführer
zu erwähnen.[2]) Fürwahr, die ganze Erzählung zeigt einen ganz
anderen Charakter, als die übrigen Ich-Stücke des Nehemia und
scheint stark überarbeitet zu sein. Dafür spricht 1. dass die Sänger
(V. 27 f.) zu den Leviten gerechnet werden, was Nehemia 7. 43 f.
noch nicht der Fall ist. 2. Das Ausstaffieren der Priester mit Trompeten (V. 35. 41), die wir erst in Esras Gesetzbuche (Num. 10. 1—10)
und in Esra-Nehemia ausschliesslich in den Erzählungen des

---

1) So fassen die Stelle auf K e i l, R e u s s, B e r t h e a u - R y s s e l,
O e t t l i, R y l e. Der letztere bemerkt noch, dass Esra in dem einen
Chore dieselbe Stelle einzunehmen scheine, wie Nehemia im anderen:
„his place in the procession woold then be before Hoshaiha and half of
the princes of Judah."
2) So S m e n d, a. a. O. S. 11 und Stade, Geschichte des Volkes Israel II.
S. 176.

Redaktors (Esra 3.₁₀) antreffen. 3. Das Vorkommen von Reihen von Priester- und Levitennamen ganz nach Art des Chronisten. 4. Die Erwähnung der Musik-Instrumente Davids, des Gottesmannes (V. 36), die wir allein im Werke des Chronisten finden (I Chron. 15.₁₆, II Chron. 29.₂₆, Esra 3.₁₀ u. s. w.), und vor allem 5. die unklare Darstellung und die ganz fremdartige Erzählungsweise. Um mit der letzten zu beginnen: kann wohl Nehemia, den wir als einen guten Erzähler kennen, einen Gedanken so niedergeschrieben haben, wie wir ihn in V. 31 ff. finden? „Ich stellte," so heisst es da, „zwei grosse Dankchöre auf, von denen der eine rechts auf der Mauer ging (lies הַאַחַת לֵ לְמַעְלָה) nach dem Mistthore. An seiner Spitze ging Hosaja . . . . . (nun folgt V. 32 — 36 die Aufzählung derer, die das Gefolge bildeten) . . . . . (V. 37) vorwärts nach dem Brunnenthore und gerade vor sich erklommen sie die Treppen zur Davidsstadt." Jeder fühlt, dass die Aufzählung von V. 32 — 36 ganz oder zum Teile eingeschaltet ist. Wie schlecht ist auch V. 40 — 42 erzählt: die beiden Dankchöre stellen sich auf im Hause Gottes, auch ich und die Hälfte der Obersten mit mir, ferner die Priester — und nun folgen die Namen der Priester, nicht der beiden Dankchöre, sondern (nur) des einen, bei dem sich Nehemia selbst und die Hälfte des Volkes befand. Solch ein Styl kann nur bei einer Überarbeitung entstanden sein. Ferner ist die ganze Darstellung höchst unklar; auf den ersten Dankchor folgen (V. 32 ff.) Hosaja und die Hälfte der Fürsten, dann Priester (unter denen NB.! Juda und Benjamin) oder Priestergeschlechter, dann Priester mit Trompeten, endlich Leviten mit den Musik-Instrumenten Davids. Welche bildeten denn dann eigentlich den Dankchor selbst? Und war kein Volk dabei? Dass dies letzte wohl der Fall war, geht aus V. 38 hervor: „und der zweite Chor . . . . dem ich und die (andere) Hälfte des Volks folgte"; diese Worte, sicher dem ursprünglichen Stücke angehörig, beweisen, dass Nehemia und die Fürsten und das Volk dem Dankchore folgten, so dass dieser letztere aus Priestern und Leviten bestanden haben wird; ferner, dass auch vom ersten Chore erzählt gewesen sein muss, dass die Hälfte des Volks dabei war, eine Mitteilung die noch zum Teil in V. 34 „Juda und Benjamin" versteckt liegt.

In der That, die Beschreibung des Festzuges ist so offenbar und so stark überarbeitet, dass wir keinen Augenblick zaudern können, die Erwähnung Esras ebenfalls der Überarbeitung zuzuschreiben.

Es bleibt also dabei, dass zur Zeit des Baues von Jerusalems Mauer und ihrer Einweihung weder die Gola Esras noch dieser selbst in Jerusalem anwesend war.

Bemerkenswert ist, wie ich glaube, auch der Umstand, dass während nach den Ich-Stücken des Nehemia kein Israel in Palästina wohnt, dies nach Esra 7 — 10 wohl der Fall ist. Nehemia nennt ebenso wie Haggai und Sacharja das in Kanaan wohnende Volk „die Juden" oder „Juda" (Neh. 1.$_2$, 2.$_{16}$, 3.$_{33}$ f., 4.$_{4, 6, 10}$, 5.$_{1, 8, 17}$, 6.$_6$ f., $_{17}$ f., 12.$_{31}$ f.) niemals „Israel." Mit diesen letzteren Namen wird das zerstreute oder das zukünftige Volk bezeichnet. Wenn Nehemia (1.$_6$) Tag und Nacht betet „für die Söhne Israels, deine Knechte" und „die Sünden der Söhne Israels, die wir wider dich gethan haben," bekennt, dann meint er nicht die in Kanaan wohnende Bevölkerung, sondern nach V. 9 f. die Zerstreuten, zu denen er selbst auch gehört. Dieselbe Bedeutung hat „Israel" Neh. 2.$_{10}$, wo wir lesen, dass es den Sanballat und seine Gefährten ausserordentlich ärgerte, „dass jemand gekommen war, etwas Gutes für die Söhne Israels zu suchen." Nehemia meint nicht, dass er gekommen sei zur Unterstüzung der gegenwärtigen Bevölkerung Kanaans, sondern damit er die Wiederherstellung Israels vorbereite. Die Erbauung der Mauern geschah nicht um der damals in Jerusalem lebenden Bevölkerung willen, sondern im Blicke auf das verstreute, bald zu versammelnde Israel.

In Esra 7 — 10 ist aber ein anderer Zustand vorausgesetzt. Esra bringt „Israel" nach Kanaan zurück: von den Söhnen „Israels" ziehen etliche nach Jerusalem (7.$_6$); jeder vom „Volke Israel", der es will, kann nach Jerusalem gehen (V. 13.) Esra versammelt Häupter aus „Israel" (V. 28); die Gaben für den Tempel, die er mitbringt, sind von ganz „Israel" gegeben (8.$_{25}$). Hiermit stimmt vollkommen überein, dass die Gola aus 12 Geschlechtern besteht (8.$_{2-14}$), für ganz Israel Opfer darbringt (8.$_{35}$), und dass die aus ihr gebildete Kommission, der die Schätze anvertraut werden, die zwölf Stämme repräsentirt (8.$_{24}$). Sobald die Gola in Jerusalem angekommen sein wird, meint Esra, ist Israel wieder in seinem Lande und kann also auch die alte Bevölkerung, wenn sie sich mit der Gola vereinigt hat, Israel heissen; dann sind die Priester und Häupter zu Jerusalem Priester und Häupter Israels. Darum heisst es 8.$_{29}$, die von ihm angestellten Männer hätten die von der Gola für den Tempel mitgebrachten Schätze bewahren müssen, bis sie dieselben abwägen könnten vor den „obersten Priestern und den Leviten und den Familienhäuptern Israels," und er habe nach 7.10 „Gebote und Rechte in Israel lehren müssen. Vergl. 10.1, 5. Nachdem also Esra die Gola d. i. Israel nach Palästina zurückgebracht hat, wird der jüdischen Bevölkerung dieses Landes der Name Israel beigelegt. Da dies in Nehemias Bericht über den Mauerbau noch nicht der Fall ist, so liegt die Folgerung auf der Hand, dass zur Zeit dieses Baues Esras Gola noch nicht angekommen war.

In dem Streite über die Reihenfolge von Esra und Nehemia spielt die לשכת des Johanan ben Eljasib, die in Esra 10.6 erwähnt wird, eine grosse Rolle. Für van Hoonacker[1] ist sie ein starker Beweis für die Reihenfolge Nehemia-Esra. Kuenen[2] hat den Wert dieses Arguments, das er das einzig zuverlässige für die Versetzung von Esra 7 — 10 in eine spätere Zeit nannte, bestimmt geleugnet, während es von van Hoonacker in seiner Antwort ebenso bestimmt festgehalten wurde. Meine Meinung in dieser Frage ist diese:

Die natürlichste Auffassung der Worte: „Esra begab sich nach der לשכת des Johanan ben Eljasib und übernachtete[4] daselbst," ist, dass in dem Augenblicke, da sich Esra dahin begab, Johanan ben Eljasib dies Gemach besass oder wenigstens in Gebrauch hatte.

Da nach Neh. 12.10 f., 22 ein Enkel des Hohenpriesters Eljasib Johanan (V. 10 f. (irrtümlich?) Jonathan) hiess, und dieser Johanan 12.23 ebenso wie in unserer Stelle ben Eljasib genannt wird, so liegt die Vermutung nahe, dass dieser gemeint sei.

In Anbetracht nun davon, das Eljasib nicht nur im Beginn von Nehemias Landpflegerschaft (Neh. 13.1), sondern auch noch nach dessen Rückkehr aus Babel (Neh. 13.4) Hoherpriester war, muss die Zeit, in der sein Enkel eine לשכת im Tempel hatte, nach dem zwölften Jahre des Nehemia fallen, und kann also das Esra 9.10 Erzählte nicht der Zeit nach dem Mauerbau vorausgegangen sein.

Diese Auffassung kann falsch sein. Unter Johanan ben Eljasib kann ein anderer als der Enkel des Hohenpriesters zu verstehen

---

1) NE.¹ p. 32—38.
2) Chronologie Bl. 35 v. (397 v.).
3) NE.² p. 78—88.
4) Lies וילן mit I. Esdr. 9.2 (ηὐλίσθη); Hebr. Text. וילך.

sein [1]; auch gewöhnliche Priester, selbst Laien hatten לִשְׁכּוֹת im
Tempel (II. Koen. 23. ₁₁, Jer. 35. ₄). Und falls dieser gemeint sein
sollte, so wäre es wohl möglich, dass der Name durch den
Bearbeiter in die Erzählung gekommen ist; denn Esra 10 unter-
scheidet sich hierin von Esra 9, dass es nicht ebenso wie dies ein
Ichstück ist. Aber sind diese Möglichkeiten auch wahrscheinlich?
Gegen die erste bemerke ich, dass der Schreiber mit Johanan ben
Eljasib offenbar eine bekannte Person im Auge hat, und dass uns
aus Esra-Nehemia kein Anderer dieses Namens bekannt ist, als der
Enkel (oder Sohn) des Hohenpriesters. Nehmen wir die zweite
Möglichkeit an, so ist es äusserst schwierig, die Handlungsweise
des Bearbeiters zu begreifen. Dieser hat dann, meint der eine,[2]
die לִשְׁכָּה mit dem Namen des Hohenpriesters bezeichnet, der, als
er schrieb, dieselbe in Gebrauch hatte, während nach dem [3] anderen die לִשְׁכָּה auch nach dem Tode des Johanan dessen Namen
behalten hatte, so dass der Redaktor sie nicht mit dem Namen
des gegenwärtigen, sondern mit dem des früheren Besitzers, unter
dem sie bei seinen Zeitgenossen allgemein bekannt war, genannt
haben wird. Aber auf jeden Fall hat dann der Redaktor seine
Leser irre geführt, dadurch, dass er den Schein erweckte, als wäre
Esra ein Zeitgenosse dieses Johanan gewesen; dass er dies nicht
erkannt habe, können wir schwerlich annehmen. So ganz selbstverständlich sind also diese Erklärungen nicht. Doch, wenn die
übrigen in Esra 7—10 berichteten Begebenheiten uns nicht nötigten,
die traditionelle Reihenfolge Esra-Nehemia aufzugeben, so würden
wir uns bei einer dieser Erklärungen beruhigen müssen; für sich
allein würde das der לִשְׁכָּה des Johanan ben Eljasib entnommene
Argument vielleicht nicht gewichtig genug sein, um uns von der
Überlieferung abweichen zu lassen; aber nun, da wir aus ganz
anderen Gründen zu der Erkenntnis gelangt sind, dass die Erbauung der Mauern durch Nehemia früher anzusetzen ist, als die
Ankunft von Esras Gola, zögere ich für meinen Teil nicht, auch in
der Erwähnung der לִשְׁכָּה des Johanan ben Eljasib in Esra 10. ₆
einen Beweis zu Gunsten dieser Anordnung zu erblicken.

---

1) Ein anderer Eljasib kommt nach Esra 10. ₂₄ in der Liste derer, die
fremde Frauen geheiratet hatten, vor.
2) Stade a. a. O. II S. 153.
3) Bertheau-Ryssel a. a. O. S. 121 f.

Das Resultat dieser Untersuchung ist also, dass die Ereignisse, die in Neh. 1. ₁, 7. ₅ a, 12. ₂₇₋₄₃ (in der ursprünglichen Gestalt) erzählt sind, der Zeit nach Esra 7 — 10 vorausgehen.

§ 2. Die Zerstörung der Mauer unter Arthahsastha.

Dieser Paragraph ist der Besprechung eines Berichts gewidmet, der, wenn er glaubwürdig wäre, das von uns gewonnene Resultat wieder umstossen würde. Ich meine Esra 4. ₆₋₂₃. Hier wird uns erzählt von drei Anklagen wider die Bewohner von Juda und Jerusalem: über die erste und die zweite wird uns nur berichtet, dass gewisse Personen Briefe mit Beschuldigungen wider die Juden an die persischen Könige Ahasveros (Xerxes) und Arthahsastha (Artaxerxes) sendeten. Über die dritte vernehmen wir mehr. Rehum, der בעל טעם, und Simsai, der Schreiber, richten im Namen von allerlei Volksstämmen, die von Asnappar nach Samaria und andere Gegenden von Abar-nahara verpflanzt sind, ein aramäisches Schreiben an Arthahsastha des Inhalts: Die Juden, die von dir zu uns heraufgezogen sind, sind nach Jerusalem gekommen, bauen die aufrührerische und böse Stadt wieder auf und richten die Mauern wieder auf. Ist alles vollendet, so wird die Stadt sich unabhängig erklären und keine Steuern mehr aufbringen. Da wir nun das Salz des Königs essen und die Schädigung des Königs nicht ruhig mit ansehen können, so berichten wir dies dem Könige und raten ihm, in den Jahrbüchern nachzusehen, ob diese Stadt nicht von alters her aufrührerisch gewesen ist; darum ist sie auch zerstört worden. Die Antwort des Königs lautet: er habe in den Jahrbüchern nachgelesen und gefunden, dass diese Stadt in der That in der alten Zeit die Residenz sehr mächtiger Könige gewesen sei, die die umliegenden Länder zinsbar machten. Darum dürfe diese Stadt ohne ausdrücklichen Befehl des Königs nicht erbaut werden, und müsse den Versuchen zur Erbauung, die man jetzt unternehme, entgegengetreten werden. Nach Empfang dieses Briefes eilen Rehum mit den Seinen nach Jerusalem und zwingen die Juden, das Werk einzustellen.

Obwohl die grosse Mehrzahl der Ausleger meint, dass dies
Stück mitten in der Erzählung über die Hemmung des Tempelbaus (V. 1—5; 24) ganz und gar nicht an seiner Stelle steht, so sind
doch die meisten der Ansicht, dass der Inhalt vollkommen glaubwürdig sei.[1]) Sie nehmen also an, dass „die Männer, die von dir
zu uns heraufgezogen sind" (4. 12), die mit Esra zurückgekehrte Gola
sei. Diese hat es dann unternommen, die Mauer von Jerusalem
zu erbauen, ist daran aber durch die Machinationen ihrer Feinde
verhindert worden; ihr Werk ist zerstört, und der Bericht darüber
wurde zugleich der Anlass zu Nehemias Zug nach Palästina.[2]) In
der That, wäre diese Erzählung historisch, so würden wir uns den
Zusammenhang der Ereignisse auf diese Weise vorstellen müssen[3]),
und dann läge die Hypothese, dass Esras Gola zur Zeit der Erbauung der Mauer durch Nehemia, noch nicht zurückgekehrt war,
hoffnungslos darnieder. Ich glaube aber, dass es mit der Glaubwürdigkeit dieses Stückes sehr schlimm bestellt ist. Ich werde
darüber Rechenschaft geben.

Historisch schlecht verbürgt ist die Mitteilung, dass der grosse
Asnappar (Asurbanipal)[4]) eine Menge Kolonisten, unter denen
Babylonier, Elamiten und Susaniten waren, nach Samaria und in

---

1) S. Kuenen HKO.[2] I bl. 505 vv., der die Erzählung im allgemeinen
für glaubwürdig erachtet, aber zugleich die jüdische Färbung in den Brie-
fen des Rehum c. s. und des Arthahsastha anerkennt. Allein Grätz leug-
net die Glaubwürdigkeit

2) Vergl. Kuenen, Chronologie, bl. 41 v. (313 v.).

3) Ich muss hier auch van Hoonacker, bekämpfen, der meint,
dass die 4. 12 gemeinte Rückkehr unter Artaxerxes wohl stattgefunden
habe, aber nichts zu thun habe mit der Expedition, an deren Spitze
Esra stand. Wenn unter Artaxerxes I. Juden in so grosser Anzahl in
ihr Vaterland zurückgekehrt sind, dass sie unter den Teilnehmern am Bau
der Befestigungen besonders genannt werden konnten, dann erwarten wir
mit Kuenen (Chron. bl. 41 v.), dass dieses Zuges irgendwo Erwähnung
gethan wird. Es ist für v. H.'s Hypothese bedenklich, dass er, während
er verneint, dass Esras Zug unter Artaxerxes I. angekommen ist, doch
annehmen muss, dass ungefähr in derselben Zeit, in die die Ueberliefe-
rung diesen Zug setzt, ein anderer von fast derselben Bedeutung stattgefunden hat. Van Hoonackers Widerlegung von Kuenens Schwierigkeiten (NE.[2] p. 50—53) ist m. E. nicht hinreichend.

4) Die Identificierung dieser beiden Namen ist alles andere, nur nicht
sicher; sie beruht vor allem auf der Erwägung, dass allein Asurbanipal
Elamiten versetzt haben kann.

das übrige Gebiet von Abar-nahara verpflanzt hat. Von diesem assyrischen Könige wissen wir zwar, dass er Elamiten nach Assyrien versetzt hat, aber dass er von den hier genannten Völkern Leute nach Samaria und Abar-nahara gesandt habe, meldet er in seinen Inschriften nicht. Doch selbst, wenn das Gegenteil bewiesen werden könnte, dann würde die hier gegebene Darstellung noch immer unrichtig sein. Denn der Schreiber giebt zu erkennen, dass alle Fremden im Gebiete westlich des Euphrats von diesem Könige dahin gebracht worden seien und schliesst die Kolonisation, von der II. Koen. 17. $_{24}$ berichtet wird, aus. Auch erregt die lange Liste von Namen Verdacht; sie macht den Eindruck, als wäre es dem Schreiber nicht darum zu thun, dass er eine historische That-sache berichte, sondern dass er beweise, die Samaritaner seien ein Mischmasch von allen Völkern. Es sind unter diesen Namen ein Paar, die hier m. E. falsch gebraucht werden und also gegen den historischen Charakter des Stückes sprechen. Ich meine die Aphar-sathechäer und die Apharsäer. Wer ist das? Ich glaube, es ist ein vergeblicher Versuch, wenn man sie zu Persern oder Medern machen will (wie Friedr. Delitzsch thut, der sie aus den medi-schen Städten Partakka und Partukka kommen lässt, die bei Assar-haddon erwähnt sind); es sind ohne Zweifel dieselben wie die Aphar-sechäer von 6. $_6$ und 6. $_6$. Jeder Kommentator fragt, ob es keine Beziehung zwischen diesen Namen gäbe, aber beinahe niemand wagt, sie zu identificieren. Die Gründe liegen auf der Hand: Wenn man es thut, läuft die Glaubwürdigkeit unseres Stückes grosse Ge-fahr. Die Apharsechäer von 5. $_6$, 6. $_6$ nämlich sind kein Volks-stamm, sondern eine Klasse persischer Beamter; hat nun unser Schreiber sie zu einem Volksstamme gemacht, dann scheint seine Erzählung wenig Glauben zu verdienen. Dass unter den Aphar-sechäern Beamte zu verstehen sind, ist, wie ich glaube, offen-bar. In Esra 5. $_6$ lesen wir: „Der Brief, den absandte Thathnai, Landpfleger von Abar-nahara, und Sthar Bosnai und כְּנָוָתֵהּ „der Apharsechäer"; in 6. $_6$ „darum Thathnai, Landpfleger von Abar-nahara, Sthar Bosnai und כְּנָוָתְהוֹן, ihr Apharsechäer." In dieser Er-zählung ist keine Rede von Volksstämmen, die den Juden nach-stellen und sie anklagen; hier treten nur einige persische Hoch-würdenträger auf, die den Juden nicht ungünstig gesinnt sind und betreffs des Tempelbaus einfach Bericht an den König erstatten, um dessen Befehle darüber zu vernehmen. Schon hieraus folgt,

dass mit Apharsechäer gewisse hohe Beamte bezeichnet sein müssen.
Dies geht auch ferner daraus hervor, dass sie פַּחַוָת von Landpfleger
und Schreiber heissen.[1]) Dies Wort, das wir noch 4. 7, 5. 8 antreffen, und dessen Singular (פֶּחָה) nicht vorkommt, scheint ursprünglich zu bezeichnen „ein Beiname";[2]) dass es demzufolge, wie
Bertheau will, in dem Sinne von „Mitunterthan" gebraucht werden kann, sehe ich nicht ein, viel eher in dem von „Amtsgenosse,"
der denselben Beinamen oder Titel führt. Diese Bedeutung passt
4. 7, 5. 3, 6, 6. 6 ganz vortrefflich. Dass Bertheau es versteht von
„Leuten desselben Stammes" und andere, wie Oettli und Ryle
es sehr allgemein als „Genossen" (compagnons) auffassen, geschieht
natürlich, damit die Übersetzung auch in unserem Stücke (4. 9)
passen soll. Doch wird das Wort hier in einem anderem Sinne
als anderswo gebraucht; bezeichnet es anderswo Amtsgenossen, so
wird es hier auf Volksstämme angewendet und muss also ganz allgemein „Mitkämpfer, Gefährten" bezeichnen. Ebenso wie dies Wort
nun, hatte der Schreiber auch Apharsechäer in einem anderen Sinne
genommen: aus dem Titel gewisser Beamter hat er durch kleine
Veränderungen, zwei Volksnamen gemacht. Aber wenn dies so
ist, dann bedarf es keines Beweises, dass wir es hier mit einem
Schreiber zu thun haben, der wenig Vertrauen verdient.

Man könnte behaupten, dass der unhistorische Charakter von
V. 9 b 10 nichts wider die Glaubwürdigkeit der Erzählung beweist,
da diese Verse in Esdras fehlen und vielleicht eingeschoben sind.
Darum ist es wichtig, dass man darauf achte, dass auch der Rest
der Erzählung Anlass zum Zweifel an seiner Glaubwürdigkeit giebt.
Die Briefe, die hier mitgeteilt werden, erinnern sehr stark an den
Brief des Thathnai und an die Antwort auf denselben, die wir
5. 11 — 6. 5 finden. Nur die Einkleidung ist hier unglaubwürdiger,
als dort, während dort Thathnai den Darius auffordert, nach einer
Urkunde des Cyrus zu suchen, so regen hier Rehum c. s. den
Arthahsastha an, eine Untersuchung anzustellen über die Geschichte
Jerusalems vor der Zerstörung und dieselbe nachzusehen in „dem
Buche der Memoiren deines Vaters" (4. 15). Welches Geschichtsbuch
mag dies gewesen sein? Die Inschriften der assyrischen Könige
können natürlich mit „dies Buch" nicht gemeint sein. In diesem

---

1) So 6. 5; vielleicht muss in 5. 6 das suffixum singulare ein plurale sein.
2) S. Bertheau-Ryssel, a. a. O. S. 49.

Buche nun findet Arthahsastha geschrieben über Könige Jerusalems, die herrschten über das ganze Gebiet von Abar-nahara, so dass sie davon Tribut erhielten (V. 20). Wer waren diese Könige? Bertheau sagt, dass wohl hierbei nicht an David und Salomo gedacht werden könne, da von diesen „kaum etwas in den babylonischen oder assyrischen Archiven berichtet war." Richtig; aber man kann anstatt „kaum etwas" ruhig sagen: „gewiss nichts."[1] Den Vorschlag dieses Gelehrten aber, bei diesen Königen an Menahem oder Josia zu denken, können wir erst recht nicht annehmen: Menahem, König von Jerusalem?! und Josia, Herrscher über Abar-nahara? aber dies steht auch nicht in den von B. herangezogenen, nicht einmal glaubwürdigen Stellen der Chronik (II. Chron. 34. 6 f, 35. 18). Alles was hier von diesem Buche und seinem Inhalte erzählt wird, ist augenscheinlich erdichtet.

Der Ausdruck in V. 21: ihr müsst diese Männer hindern die Stadt zu erbauen, „bis dass von mir Befehl gegeben wird," ist niedergeschrieben von Jemand, der von der Erbauung der Mauern kraft Befehls des Arthahsastha wusste. Der persische König wird nicht zugleich mit dem Befehle, die Mauern zu zerstören, in Aussicht gestellt haben, dass er später Erlaubnis zum Bau geben würde.

Doch abgesehen von all' diesen Einwürfen, können wir den hier vorausgesetzten Mauerbau und die Vereitelung desselben unmöglich unter die wohlbezeugten Thatsachen stellen. Gewöhnlich bringt man das, was hier erzählt wird, in Verbindung mit Neh. 1 und nimmt an, dass die Meldung von Nehemias Bruder Hanani auf die Verwüstung der Mauer durch Rehum c. s. geht.[2] In der

---

1) Ryle meint, dass wir doch an David und Salomo denken müssen; diejenigen, die auf des Königs Befehl die alte Geschichte zu Rate ziehen mussten, dürften von den Verbannten gehört haben von der guten Zeit unter der Regierung dieser Könige. Dies ist jedoch die Meinung des Schreibers nicht; das was der König erfuhr, fand er in dem V. 15 erwähnten Buche.

2) So Bertheau-Ryssel a. a. O. S. 134 ff, Van Hoonacker NE.¹ p. 14—32, Kuenen, Chronologie, bl. 26 vv. Betreffs der Frage, ob die Mauern Jerusalems schon vor den Esra 4 erwähnten Ereignissen hergestellt gewesen sind, was Kuenen früher (HKO² I bl. 507 v.) bejahte, erklärte dieser Gelehrte, die Darstellung van H.'s gern zu übernehmen, nach der das Werk der Juden an der Mauer, wovon Esra 4.12 erzählt wird, ein erster Versuch war, die seit 586 zerstörten Mauern wieder aufzurichten. Vergl. auch Ryle L. c. Introduction p. XL—XLII.

That ist diese Kombination sehr anziehend und scheint beim ersten Zusehen unwiderleglich. Doch scheint sie bei näherer Untersuchung grossen Bedenken unterworfen zu sein. Diese Kombination setzt voraus, dass, wie van Hoonacker sagt: „les travaux dont parle le 4e chapitre d'Esdras avaient pu, avant la vingtième année d'Artaxerxès, prendre des dévelloppements considérables." Denn nach Neh. $1._3$ wären dann die Thore schon hergestellt und die Mauer in der Kürze vollendet gewesen. In diesem Falle hat also Nehemia ein Werk unternommen, das vor ihm die Juden schon beinahe zu Stande gebracht hatten. Nun macht, wie ich glaube, der Bericht über die Erbauung der Mauer durch Nehemia auf uns den Eindruck, dass dieser etwas thut, was wenigstens in der letzten Zeit von Niemand unternommen ist. Sein Werk ist nicht eine Wiederaufnahme einer Arbeit, die kurz zuvor schon mehr als zur Hälfte ausgeführt war; es ist etwas Neues, woran nach Jerusalems Zerstörung noch Niemand gedacht hat. Hierfür den Text auszuschreiben ist unnötig; man lese die Erzählung (Neh. $1._1$ bis $7._5$) im Ganzen und man wird den Eindruck empfangen, dass hier ein Werk beschrieben wird, das allein von einem einflussreichen, mächtigen Manne, wie Nehemia, der sowohl durch seine persönliche Eigenschaften, als durch seine Beziehungen einflussreich' war, zu Stande gebracht werden konnte. Wenn man nun bedenkt, dass selbst dieser Mann mit so viel Schwierigkeiten, von aussen und innen zu kämpfen hatte, dann fragt man sich, wie es möglich war, dass die Juden früher ohne solch' ein Haupt es schon beinahe fertig gebracht hatten. Dies wird, je länger man darüber nachdenkt, um so unwahrscheinlicher. Man beachte ferner die Art und Weise, wie sich die Feinde der Juden über dies Unternehmen äussern, besonders Neh. $3._{33-35}$. Würden Sanballat und Tobia mit so viel Verachtung über das Werk der Juden haben sprechen können, wenn dieselben Juden schon einmal, unter viel ungünstigeren Umständen mit diesem Werke so weit vorgeschritten gewesen wären? Dann würde doch Sanballat nicht gewagt haben, von „diesen Stümpern von Juden" zu sprechen, nicht zu fragen gebraucht haben, ob sie den Steinen aus den Trümmern wieder Leben einhauchen könnten; dann hätte Tobia nicht sagen können: Was sie auch bauen, wenn ein Fuchs darauf springt, wird er ihre steinerne Mauer zerstören. Die Sprache dieser Männer ist unbegreiflich, wenn die Mauer schon einmal erbaut gewesen ist. Ja

noch mehr. Zur Zeit des Nehemia (Neh. 4. 1–3) wollten die umwohnenden Völker, Araber, Ammoniter, Asdoditer mit Gewalt den
Bau der Juden hindern und wurden davon allein durch Nehemias
Massregeln abgeschreckt. Sie kümmerten sich offenbar nicht um
die Vollmacht, die Nehemia vom Könige hatte, noch um seinen
Einfluss als Landpfleger; allein aus Furcht, im Kriege den Kürzern
zu ziehen, sahen sie von ihrem Beginnen ab. Warum haben diese
eifersüchtigen Nachbarn früher, als die Juden ohne Vollmacht des
Königs bauten, ohne die Unterstützung eines so kraftvollen Land-
pflegers nicht ebenso gehandelt? Warum liessen sie damals die
Juden ruhig fortarbeiten, bis ein ausdrücklicher Befehl des Artaxerxes gekommen war, das Werk ruhen zu lassen? Unbegreiflich!
Was sie gegen den mit königlicher Vollmacht ausgestatteten Landpfleger unternehmen dürfen, das wagen sie nicht, als die Juden
ohne des Königs Erlaubnis das Werk anfangen. In der That,
Nehemias Bericht über den Mauerbau ist derart, dass das, was wir
Esra 4. 8 ff. von einer früheren Wiederherstellung der Mauer lesen,
höchst unwahrscheinlich wird.

Hierzu kommt, dass von Nehemia, als er seine Bitte, nach
Jerusalem zu reisen, bei dem Könige anbringt (Neh. 2. 1–8) mit
keinem einzigen Worte auf einen früheren Befehl dieses Königs
angespielt wird, die Mauer zu zerstören. Er bittet nicht, dass der
König einen früheren Beschluss widerrufe, und dieser scheint
keine andere Schwierigkeit zu sehen, als dass er auf seinen
Schenken, der ihm ein treuer Diener gewesen ist, eine Zeit lang
verzichten soll.

Aber, wird man fragen, wenn es auch schlecht steht um die Glaubwürdigkeit der Erzählung von Esra 4: sind wir denn nicht schon um
Neh. 1 willen verpflichtet, anzunehmen, dass kurz vor Nehemias Ankunft in Jerusalem eine Zerstörung, und also auch eine derselben
vorausgehende Wiederherstellung der Mauern stattgefunden hat?
Man sagt: Nehemia erhält hier offenbar Nachricht von einem Unglück, das kürzlich Jerusalem und seine Mauern betroffen hat; anders ist der Schrecken, der sich dabei seiner bemächtigt, nicht zu
erklären. Doch wir wollen den Bericht einmal etwas in der Nähe
betrachten! Was ist es denn eigentlich für eine Angelegenheit,
um die er trauert und weshalb er betet? Sein Gebet V. 5—11 lehrt
es uns: nicht ein Unglück, das eben Jerusalem betroffen hat,
sondern die noch immer andauernde Zerstörung Israels ist die

Ursache seiner Trauer. Er bittet nicht für die Bewohner Jerusalems, sondern für „die Söhne Israels, deine Diener," die ausserhalb des jüdischen Landes sind; ihre Schuld bekennt er, für sie bittet er, dass Gott gedenke an das Wort, das er zu Moses gesprochen habe: und wären eure Verstossenen am Ende des Himmels, so will ich sie von da versammeln und sie bringen an die Stelle, die ich erwählt habe, damit daselbst mein Name wohne. Die Nachricht, die er empfängt, macht ihn also klagen um das Loos des verstreuten Israels. Ist diese Bemerkung richtig, so muss diese Nachricht enthalten haben: noch immer ist Israel nicht hergestellt und sind die Verstreuten nicht ins Land zurück. Sehen wir diesen Bericht nun noch einmal an, so bemerken wir in der That, dass dies die Hauptsache ist; er handelt nicht allein, selbst nicht an erster Stelle von Jerusalem, sondern auch und vor allem von dem Lande: „sie, die von der Wegführung als Gefangene in der medina übrig geblieben sind, sind in grosser Not und Schande." Dies, dass es mit dem Reste des Volkes noch immer traurig bestellt ist, ist die Hauptsache; dass die Mauer Jerusalems zerstört ist und ihre Thore verbrannt sind, wird nur so nebenbei angefügt. Hätte Hanani eine aufregende Nachricht gebracht und die Zerstörung der Mauer und die Verbrennung der Thore als ein soeben geschehenes Unglück melden wollen, so würde er sich anders ausgedrückt haben. Dass Nehemia durch die Kunde erschreckt wird, steht auch nicht da; sondern er setzt sich weinend nieder, ist tagelang tief traurig und fastet und betet. Diese traurige Stimmung wird durch eine Nachricht dieses Inhalts: der elende Zustand Palästinas dauert noch immer an und Mauern und Thore sind noch immer nicht hergestellt — vollkommen motiviert. Ich meine deshalb, dass Neh. 1 nicht voraussetzt, dass Jerusalems Mauer unlängst zerstört wurde und also nach 586 schon einmal erbaut gewesen war.

Kehren wir nun zu Esra 4 zurück. Es muss nämlich noch die Frage beantwortet werden: Wenn die Erzählung von der Hemmung des Mauerbaus ungeschichtlich ist, was bedeutet sie dann? Wir können diese Frage nur beantworten, indem wir V. 6 bis 23 betrachten, in Verbindung mit V. 1—5. Diese Verse sind, wie wir früher sahen, ein Werk des Redaktors, der darthun wollte, dass die benê-haggola den Tempel erbaut haben und ferner erklären wollte, warum sie dies Werk erst unter Darius nachdrücklich in Angriff genommen haben: sie haben wohl sogleich nach der

Rückkehr mit diesem Werke begonnen, aber haben es infolge der
Feindseligkeiten der Samaritaner eine Zeit lang unterbrechen
müssen.¹) Derselbe Grund nötigte ihn auch zu einer ähnlichen Darstellung des Baus der Mauern. Denn beide, der Bau des Tempels
und der der Mauern waren wichtige Ereignisse in der Wiederherstellung Israels. Wie der Anfang des Tempelbaus nach der Zeit
des Cyrus verlegt war, so wurde der Anfang des Baus der Mauer
nicht erst in das 20ste Jahr des Artaxerxes, sondern in ein früheres
Regierungsjahr dieses Königs verlegt; wie die erste Gola den Bau
des Heiligtums begann, so die zweite („die Männer, die von dir
zu uns heraufgezogen sind") den von Jerusalems Mauern. Nun
werden, glaube ich die V. 6 und 7 auch verständlich. Der Redaktor wird gedacht haben: wenn die Gola Esras den Bau der
Mauern begann und beinahe zu Ende brachte, was hat dann die
erste Gola nach der Vollendung des Tempels in des Darius 6ten
Jahre für die Wiederherstellung Israels gethan? Auch sie hat den
Bau der Mauer anfangen wollen, aber schon im Beginn der Regierung des Ahasveros (Xerxes) haben die Anklagen der Samaritaner dies verhindert (V. 6); im Beginn von des Artaxerxes Regierung, noch vor der Ankunft der zweiten Gola waren sie wieder
ans Werk gegangen, aber wiederum gehindert, jetzt von Bislam,
Mithredath, Tabeël und Anderen (V. 7). Kraftvoll fasste hiernach
die soeben zurückgekehrte Gola dies Werk an; sie vollendete es
zum Teil; aber auch ihre Arbeit wurde vereitelt und was sie gebaut hatte, wurde zerstört (V. 8—23). So ist, nach dem Chronisten,
der Bau der Mauer wohl das Werk des Nehemia, aber schon lange
vor ihm, schon kurz nach der Vollendung des Tempels, hatte die
Gola auch diesen Teil der Wiederherstellung Israels ins Auge

---

1) Dass 4. 8—23 in aram. Sprache verfasst ist, beweist nicht, dass wir
hier nicht das eigene Werk des Redaktors haben. Auch V. 24. 6. 16—18 sind
sicherlich von ihm, obwohl aramäisch. Bei der Bearbeitung der hebräisch
geschriebenen Memoiren des Esra giebt er den Erlass des Artahsastha an
Esra (7. 12—26) in dieser Sprache wieder. Offenbar bedient er sich ihrer
mit Vorliebe, wo er den Briefwechsel der persischen Könige mit ihren
Beamten berichtet. Darum halte ich es selbst nicht für unwahrscheinlich,
dass das aram. anders woher entlehnte Stück 5. 1—6. 18 ursprünglich hebräisch geschrieben und erst vom Redaktor ins aram. übersetzt ist. Er
kann geglaubt haben, diese Sprache stimme besser als die hebräische
mit dem Inhalte der zum guten Teile aus einer Korrespondenz des Königs
mit seinen Beamten besteht.

gefasst. An ihrem Glauben und Eifer hat es nicht gelegen, dass
erst verhältnismässig so spät dies grosse Werk zu Stande kam.
M. E. hat der Chronist dann auch nicht irrtümlich oder infolge von
Unwissenheit V. 6—23 mitten in die Erzählung von der Hinderung
des Tempelbaus hineingestellt; das ganze 4. Kapitel soll darthun,
dass von Anfang an die zurückkehrenden Verbannten auf den Bau
des Heiligtums und den der Mauern bedacht gewesen sind, aber
dass beides immer wegen der Feindseligkeiten der Samaritaner
wieder eingestellt werden musste. So legt uns das Resultat, zu
dem wir bei dieser Untersuchung kamen, die Frage nahe: Sollte
nicht wie der Tempelbau zum Werke der ersten Gola gemacht
wurde, so der Wunsch, den Mauerbau der zweiten Gola zuzuschreiben, Anlass dazu gegeben haben, dass Esra 7—10 vor Neh. 1—7.₅
angesetzt wurde?

3. Kapitel.

Die Gola Esras und die Bildung der Gemeinde.

Das Resultat unserer Untersuchung im vorigen Kapitel war,
dass der Bau der Mauer Jerusalems vor der Ankunft von Esras
Gola stattfand, und die Ereignisse von Esra 7—10 der Zeit nach
auf das uns in Neh. 1.₁—7.₅; 12.₂₇₋₁₃ (in seiner ursprünglichen
Gestalt) mitgeteilte folgt. Wir wollen jetzt eine Untersuchung nach
dem Verhältnis von Esras Gola zu den im übrigen Teile von Nehemia berichteten Ereignissen anstellen. Dazu wollen wir erst die
Ordnung, in der diese Ereignisse auf einander folgen, kennen lernen.

§ 1. **Wie verhalten sich die verschiedenen Bestandteile von
Neh. 7.₆—13.₃₁ zu einander?**

Mit Neh. 7.₅ hört der Redaktor auf, den Memoiren Nehemias
auf dem Fusse zu folgen; der Gebrauch der ersten Person, den
man in den vorhergehenden Kapiteln regelmässig findet, fehlt von
hier an und kehrt, abgesehen von 12.₂₇₋₄₃, einem Stücke, das wir
schon behandelt haben, erst 13.₄₋₃₁ zurück. Unverkennbar finden

sich zwischen 7.₃ und 13.₁ Stücke von verschiedener Herkunft,
die oft sehr schlecht an einander anschliessen und ohne Zweifel
vom Redaktor hie und da stark überarbeitet sind. Wir können
also die hier erzählten Ereignisse nicht ohne nähere Untersuchung
in die Zeit setzen, die ihnen vom Redaktor angewiesen wird, sondern müssen die verschiedenen Dokumente selbst zeugen lassen von
der Zeit, von der sie handeln, und versuchen, die Reihenfolge festzustellen, in der das, was uns hier erzählt wird, stattgefunden hat.
Wir haben einen festen Punkt, von dem wir bei dieser Untersuchung ausgehen können, in Neh. 13.₄₋₃₁. Denn dieser Abschnitt
ist ohne Zweifel unverändert den Memoiren des Nehemia entnommen: er ist ein unverfälschtes Ich-Stück. Die Zeit, in der das, was
darin erzählt wird, stattgefunden hat, ist deutlich angegeben: nicht
vor, aber sicher auch nicht lange nach dem 32ten Jahre des Artaxerxes (433 oder 432 v. Chr.). Das Stück bietet sich uns als ganz
vortrefflicher Ausgangspunkt für unsere fernere Untersuchung dar.
Wir suchen denn zuerst zu bestimmen

A. Das Verhältnis von Neh. 13.₁₋₃₁ zu Neh. 9—10.

Bevor wir zu einer Vergleichung dieser Abschnitte übergehen,
dürfte es angebracht sein, erst nach dem Inhalte der in Neh. 9. 10
vorliegenden Erzählung zu fragen. Sie handelt über eine offenbar
sehr wichtige Versammlung, in der ein Bund geschlossen wird,
und die Israeliten sich zu allerlei Diensten gegen das Heiligtum
verpflichten, aber sie ist nicht in ihrer ursprünglichen Gestalt auf
uns gekommen. Vornehmlich der Anfang c. 9.₁₋₅ ist wenig klar:
Die Kinder Israel versammeln sich unter Klagen und im Trauer-
gewande. Der heilige Samen sondert sich von allen Fremden ab
und gesteht seine und seiner Väter Sünden. Dass sie und zu
welchem Zwecke sie zusammengerufen waren, und was die Absonderung von den Fremden bedeutete, wird uns nicht näher mitgeteilt. Sehr verworren ist das, was hierauf folgt, V. 3—5: „und
während sie aufstanden an ihrer Stätte, lasen sie (oder: las man)
aus dem Buche des Gesetzes Jahves, ihres Gottes, den vierten
Teil des Tages und während eines anderen Viertels legten sie ihr
Schuldbekenntnis ab." Wer die Leser sind, hören wir nicht; auch
ist es nicht deutlich, wer das Schuldbekenntnis ablegt· dieselben,
welche lesen, oder die Hörer? Und wenn die Letzteren, dann alle

Israeliten oder der heilige Same, der sich abgesondert hatte? Lesen
wir nun weiter, dass 8 Leviten auf das Gestühl treten und laut zu
Jahve rufen; und hierauf noch einmal 8, unter denen einige von den
früheren sind, die Versammlung ermahnten, Gott zu verherrlichen
— dann wird uns die Darstellung je länger um so unverständlicher,
und wir begreifen je länger, je weniger den eigentlichen Zweck der
Zusammenkunft. Unverkennbar sind diese Verse vom Chronisten,
den die Reihen von Leviten deutlich genug verraten, und sind zu
dem Zwecke geschrieben, den ursprünglichen Anfang, von dem uns
ein Teil in V. 1 f. erhalten ist, zu verdrängen. Zwischen 9. $_{37}$ und
10. $_1$ (resp. 9. $_{36}$. $_{37}$) ist sicher auch etwas weggefallen. Das erste
kann nicht der ursprüngliche Schluss des Gebetes 9. $_6$ ff. gewesen
sein; denn V. 31 f. lässt erwarten, dass das Gebet mit etwas anderem als einer Klage, mit einer Bitte um Erlösung und Wiederherstellung und einem erneuten Gelübde, Jahve Treue zu wahren
und seinen Geboten zu gehorchen, endigen wird. Aber an der
Stelle, wo wir dies erwarten, lesen wir, unmittelbar nach den letzten
Worten des Gebets: „Mit dem allen machten wir ein Bündnis,
und zeichneten dies auf und auf dem versiegelten Stücke (standen)
unsere Fürsten, Priester, Leviten." Es ist offenbar, dass diese
Worte ursprünglich nicht so, ohne einigen Übergang auf das Gebet gefolgt sein können. Denn obwohl die Erzählung an ein paar
wichtigen Stellen, offenbar absichtlich, verstümmelt worden ist, ist
die ursprüngliche Tendenz noch wohl zu erkennen. Der eigentliche Zweck der Zusammenkunft geht aus 10. $_{29}$ f. hervor. Da heisst
es, dass „der Rest des Volks . . . . und alle die sich abgesondert hatten von den Völkern der Länder zum Gesetz Gottes . . . .
sich ihren Brüdern, ihren Edeln anschlossen und sich in feierlichem
Eide verpflichteten, dass sie wandeln würden im Gesetze Gottes."
Wir haben hier, glaube ich, die Erzählung von einem engen Zu-
sammenschluss des „Rest des Volkes," d. i. der jüdischen Bevölkerung in Palästina und „ihrer Edlen," mit denen niemand anderes
als die Verbannten gemeint zu sein scheint. Bei der gewöhn-
lichen Auffassung, nach der mit „dem Rest des Volkes," wie es
Oettli ausdrückt, „die Angehörigen der Vaterhäuser nachgeholt
werden," wird vergessen, dass für die Glieder dieser Geschlechter
doch schon von ihren Geschlechtshäuptern unterzeichnet ist. Die
„Edlen" sind also nicht die Angesehenen, die Häupter, an die die
übrigen Glieder ihrer Familien sich anschliessen, sondern zu ihnen

gehören Alle, auch die Geringsten, von den 10. ₂₋₂₈ ¹) erwähnten Geschlechtern, die von ihren Häuptern repräsentiert werden. Mit dem „Reste des Volks" עם האר wird eine andere Kategorie Israeliten angedeutet, und wohl eine solche, die mit Fremden vermengt gewesen ist. Die Worte „und Alle, die sich abgesondert hatten von den Völkern der Länder zum Gesetz Gottes" beziehen sich auf den ganzen Rest; zu ihnen gehören Priester, Leviten, Thürhüter, Sänger, Nethinim und jeder, der sich nur (und wer immer sich . . . . . Oettli) abgesondert hatte; er ist also das von den Heiden abgesonderte Judentum. Es ist deshalb hier die Rede von einer Vereinigung von Juden, die sich von den Fremden abgesondert haben und sich verbunden haben, mit den echten Israeliten, den Verbannten, die nicht mit Fremden vermengt gewesen sind. Diesem Anschlusse ging, was die palästinischen Juden betrifft, die Absonderung von den Fremden unmittelbar voraus. In 9.₁ sind noch Worte aus der ursprünglichen Erzählung erhalten, die deutlich genug zeigen, dass diese Absonderung unter Trauern, nebst Schuldbekenntnis das erste Werk der Versammlung gewesen ist. Wir haben hier also die Erzählung von der „Bildung der Gemeinde." In diesen Zusammenhang passt das grosse Gebet 9.₆₋₃₇

---

1) Aus dieser Liste 10. ₂₋₂₈ etwas zu folgern, halte ich für unrätlich. Sie ist ohne Zweifel vom Redaktor überarbeitet und erweitert: unter den Namen der Priester finden wir Namen von Geschlechtern, neben denen von Individuen: Pashur und Malchia (Jer. 20.₁, 21.₁) neben Daniel (Esra 8.₃₃). Der Schreiber hat natürlich entweder das Eine oder Andere gemeint. Desgleichen kommen unter den Leviten Individuen vor aus der Zeit des Esra und Nehemia, wie Serebja und Hasabja (Esra 8.₁₈f.), während Jesua und Kadmiel in derselben Zeit schon Geschlechter waren (Neh. 7. 43). In der Liste der Geschlechter des Volkes treffen wir V. 20f. die Verbindung Nobai, Magpias, die wir als Nebo, Magbis Esra 2.₂₉f. wiederfinden. An letztgenannter Stelle ist die Verbindung nicht ursprünglich; V. 30—32, die in I. Esdr. 5 fehlen und sich mitten in einer Aufzählung von Ortsnamen drei Geschlechtsnamen enthalten, sind in die Liste eingeschoben (s. Ryle L. c. p. 24f.). Setzt nun unsere Liste die Reihenfolge voraus, die in der anderen durch die Einschiebung entstanden ist, so scheint sie von dieser in ihrer überarbeiteten Gestalt abhängig und nicht in ihrer ursprünglichen Form überliefert zu sein. Und wahrlich, die 21 Priesternamen, die ebensoviele Priesterklassen anzudeuten scheinen (Neh. 22. ₁₋₇ erwähnt 22 Klassen) unterliegen auch dem Verdachte, Antedatierung der späteren Verteilung der Priester in 24 Klassen zu sein; Neh. 7. ₃₉ ₄₂ kennt nur vier Priestergeschlechter. Vergl. Smend, Die Listen, S. 13 f.

vollkommen: Israel spricht, wahrscheinlich an seiner Stelle Esra [1]),
ein Schuldbekenntnis der Sünden der Vergangenheit aus; es erkennt die Güte seines Gottes an, aber auch die eigene Undank·
barkeit, und dass die Zerstreuung eine wohlverdiente Strafe für
seinen Ungehorsam war. Aus V. 31, wo es heisst „aber in deinem
grossen Erbarmen hast du sie nicht vernichtet und ihrem Loose
überlassen" und aus V. 32, wo die Bitte ausgesprochen wird, dass
alles, was sie gelitten haben, genug sein möge diesem Gotte, der
den Bund und Barmherzigkeit bewahrt, geht hervor, dass das Gebet
seinen Höhepunkt in der Bitte um Wiederherstellung Israels und
im Gelübde, dass Israel ihm in Zukunft besser dienen wolle, er·
reichte. Mit diesem Gebete wird nun die eigentliche Feierlichkeit
eingeleitet. Diese besteht darin, dass die Edelen und der Rest des
Volks sich zur Treue gegen Jahve verbinden, die ersten dadurch,
dass sie ein Schriftstück untersiegeln und unterzeichnen, die anderen durch „feierlichen Eid." Genauer: man verpflichtet sich dazu,
sich mit den Völkern des Landes nicht zu verbinden und am Sab·
bat und Festtagen nicht von ihnen zu kaufen (10. $_{31}$ f.). Darnach
verpflichten sie sich zu allerlei Diensten gegen das Heiligtum
(V. 33—40). Mit der Bedeutung, die ich diesem Stücke meine zu·
erkennen zu müssen, stimmt der mehrfache Gebrauch der ersten
Person überein (10. $_{1.30—40}$); der Schreiber, wer es auch gewesen
sein mag, spricht nicht mehr in seinem eigenen Namen, sondern in
dem der Gemeinde.

Dass diese Erzählung in ihrer ursprünglichen Fassung in die
Geschichtsbetrachtung des Chronisten nicht passte, versteht sich
von selbst: hatte doch nach ihm die Vereinigung „der Söhne Is·
raels, die aus der Verbannung zurückgekehrt waren" mit „allen,
die sich von der Unreinheit der Völker des Landes zu ihnen abgesondert hatten" schon zur Zeit des Tempelbaus stattgefunden
(Esra 6. $_{21}$). Ist es also wunderbar, dass er die Erzählung um·
arbeitete und gerade die Teile, die uns das meiste Licht geben
würden, den Anfang und das, was vor 10. $_1$ stand, weggelassen hat?

Wir werden jetzt sehen, dass die hier erzählte „Bildung der
Gemeinde" in der Zeit nach Neh. 13. $_{4—31}$ stattgefunden hat. Wir
lesen da V. 10—14, dass Nehemia, aus Babel zurückgekehrt, ver·
nimmt, dass die Leviten, da sie ihren Anteil am Zehnten nicht er-

1) Gr. vers. beginnt V. 6 mit καὶ εἶπεν Ἔσρας. Vergl. S t a d e a. a. O.
II. S. 178.

halten, Jerusalem verlassen und sich wieder dem Ackerbau zuge-
wandt haben. Nehemia bringt sie zurück und beauftragt allgemein
geachtete Männer, ihnen ihren Zehnten fortan auszuteilen. Aus
dieser Massregel des Nehemia geht hervor, welches die Beschwerde
war: nicht dass der Zehnt nicht aufgebracht wurde, sondern dass
die Leviten ihre Anteile (מְנָיוֹת) nicht erhielten. Der Ausdruck
„dass die Anteile der Leviten nicht gegeben wurden," besagt nichts
anderes, als dass die Leviten den ihnen zukommenden Teil nicht
empfingen. Wäre gemeint, dass das Volk den Zehnten nicht auf-
brachte, dann würden auch die Priester wohl geklagt haben und
es hätte die Beschwerde nicht beseitigt werden können durch An-
stellung von Männern, die sich des allgemeinen Vertrauens erfreu-
ten, נֶאֱמָנִים in den Magazinen. Nun lesen wir 10. 38, dass die Gemeinde in dieser selben Sache Folgendes beschliesst: „Wir nahmen
auf uns (V. 33) . . . . . dass wir den Zehnten unseres Landes (sollten darbringen) den Leviten, dass sie, die Leviten, ihn in allen
unseren Ackerbau treibenden Städten haben sollten."[1]) Ferner wird
bestimmt (V. 39), dass der Priester, Aarons Sohn, bei den Leviten
sein solle, wenn sie den Zehnten erhalten (natürlich damit die
Priester keinen Schaden leiden) und dass die Leviten den Zehnten
vom Zehnten (also nicht die 9 Zehntel, die ihnen selbst gehören)
nach den Zimmern, in das Magazin בֵּית הָאוֹצָר bringen sollen.
Diesen Bestimmungen muss die Erfahrung von 13. 10 vorausgegangen sein. Hätten die Leviten die Befugnis gehabt, selbst den
Zehnten in Empfang zu nehmen, ohne andere Verpflichtungen, als
den den Priestern zukommenden zehnten Teil desselben an das
Tempelmagazin abzuliefern, so hätte es doch nie vorkommen können, dass ihnen durch unehrliche Verwaltung der Aufseher über
das Magazin ihr Anteil vorenthalten wurde. In diesem Falle wäre
thatsächlich auch die Massregel Nehemias nicht zu ihrem Besten
gewesen. Allein wenn wir annehmen, dass der Beschluss Nehemia 10. 38 f. später gefasst worden ist, als die Neh. 13. 10 ff. erwähnte
Massregel, können wir uns den Gang der Sache ganz gut vorstellen. Den Leviten ist dann ein Teil des Zehnten angewiesen
worden; auf diese Bedingung hin haben sie sich bewegen lassen, ihre
Äcker zu verlassen und sich in Jerusalem niederzulassen (vergleiche

---

1) Dass in V. 38 eine Änderung der Konstruktion eintritt, rechtfertigt
meines Erachtens die Vermutung nicht, dass V. 38/40 später eingeschoben
sein sollen, wie Ryle (L. c. p. 272) meint

12.$_{27}$ f.); als aber Nehemia zeitweise auswärts weilt, erhalten die Leviten ihren Anteil nicht; die nach 12.$_{44}$ bei den Magazinen angestellten Männer, die mit der Verteilung beauftragt sind, missbrauchen das in sie gesetzte Vertrauen. Deshalb verlassen die Leviten Jerusalem und kehren zu ihrer früheren Arbeit zurück. Nehemia bewegt sie, zurückzukehren und stellt nun vertrauenswürdige Männer als Verwalter des Magazins an. Doch auch diese Massregel scheint nicht zweckentsprechend gewesen zu sein; jedenfalls wird eine den Leviten viel günstigere Bestimmung getroffen: Die Leviten selbst, beschliesst die Gemeinde, sollen den Zehnten in Empfang nehmen im Beisein eines Aaroniten; sie behalten und verteilen unter sich die ihnen zukommenden 9 Zehntel und liefern an das Magazin den Zehnten des Zehnten für die Priester ab. Nichts ist klarer, als dass diese letzte Bestimmung auf die Neh. 13.$_{12}$ f. berichtete Massregel gefolgt ist.

Als Nehemia nach Jerusalem zurückgekehrt ist, bemerkt er Sabbatschändung aller Art (13.$_{15-22}$). U. a. sieht er, wie Tyrier Fische und andere Waren nach Jerusalem bringen und am Sabbat den Kindern Israel verkaufen, und noch dazu in der heiligen Stadt. Voll Unwillens wendet er sich zu den Edelen Judas und weist sie darum zurecht, dass sie solche Zustände dulden. Ist nun dem das feierliche Gelübde der Gemeinde vorausgegangen (10.$_{32}$), dass sie am Sabbat nichts kaufen würde von den „Völkern des Landes," wenn diese Kaufwaren zu Markte brächten? Doch in diesem Falle würde sich Nehemia auf die feierliche Verpflichtung berufen haben; aber das thut er mit keinem einzigen Worte. Von Übertretung eines eben erst geschlossenen Bundes ist keine Rede. Vor allem aber beweist die Art, auf die er sich auslässt, dass er von der in Neh. 9, 10 erzählten Festlichkeit nichts weiss. Wenn er nämlich (V. 18) seiner Drohung Nachdruck giebt durch die Erinnerung, dass „all' dies Unheil" über uns und über diese Stadt gekommen ist durch das frevelhafte Verhalten unserer Väter, so giebt er hiermit zu erkennen, dass die Strafzeit noch fortdauert und noch nicht einmal ein Anfang mit der Wiederherstellung Israels (wie es Neh. 9, 10 beschrieben wird) gemacht worden ist. Man führe hiergegen nicht an, dass nach 13.$_{21}$ infolge von Nehemias Massregeln fremde Kaufleute nicht mehr in die Stadt kamen, was doch wohl 10.$_{32}$ vorausgesetzt wird; denn die Massregel Nehemias genügte allein, um zu verhindern, dass die fremden Händler am

Sabbat ihre Waaren nach Jerusalem hinein brachten; die Thore wurden von dem Augenblicke an, da sie im Schatten lagen, d. i. von Sonnenuntergang ab bis zum Ende des Sabbats geschlossen; vor dieser Zeit konnte man Waren soviel man wollte nach Jerusalem hineinbringen, um sie am Sabbat zu verkaufen. Offenbar hatte es Nehemia in seiner Gewalt, die Thore schliessen zu lassen, aber nicht, den Kauf und Verkauf am Sabbat zu verbieten. Diesem letzteren konnte allein dadurch wirksam begegnet werden, dass die Juden sich vornahmen, am Sabbat nicht mehr zu kaufen. Dazu nun haben sie sich, soweit sie zur Gemeinde hinzutraten, verpflichtet nach 10. $_{32}$. Alles spricht dafür, dass die Massregel des Nehemia der freiwilligen Verpflichtung der Gemeinde vorangegangen ist.

Zu demselben Schlusse kommen wir durch eine Vergleichung von 10. $_{35}$ mit 13. $_{31}$. In der letzten Stelle berichtet Nehemia, dass er Massregeln traf zur Lieferung von Holz für den Altar zu bestimmten Zeiten; in der ersten wird berichtet, dass die bei der Versammlung anwesenden Israeliten das Los warfen zur Feststellung der Reihenfolge, in der die verschiedenen israelitischen Familien das Holz für den Tempel liefern sollten. Setzen wir den Fall, dass die Verpflichtung der grossen Versammlung der Massregel des Nehemia vorausgegangen sei, so müssen wir annehmen, dass die Gemeinde der Verpflichtung, die sie freiwillig auf sich genommen hatte, nicht nachgekommen war und darum Nehemia sich genötigt sah, sie zu ihrer Pflicht zurückzubringen. Doch zu der Meinung, dass Nehemias Bemühungen in dieser Angelegenheit diesen Charakter getragen haben, geben uns seine Worte ganz und gar kein Recht. Er lässt sich aus wie Jemand, der diese Sache zum ersten Male regelt. Kehren wir dagegen die Reihenfolge um, so folgt eines aus dem anderen: Was erst der Landpfleger geregelt hat, wird sogleich von der Gemeinde freiwillig übernommen.

So steht es auch mit Nehemias Auftreten gegen die Mischheiraten (13. $_{23}$ ff.). Wenn schon früher die Gemeinde das feierliche Gelübde abgelegt hatte (10, $_{31}$), „dass wir unsere Töchter nicht geben werden den Völkern des Landes und ihre Töchter nicht nehmen werden für unsere Söhne," dann hätte Nehemia sich doch anders gegen die Juden, die fremde Frauen geheiratet hatten, aussprechen müssen. Er fragt sie, ob sie das, was dem Salomo, dem grossen Könige Israels und Geliebten Gottes zur Sünde geworden, würden thun können, ohne sich an Gott zu vergreifen? Aber von dem Bruche eines soeben gethanen Gelübdes sagt er kein Wort. Wie viel begreiflicher wird die Geschichte, wenn wir die Reihenfolge der Thatsachen umkehren. Nehemia hat gegen die Juden, die fremde Frauen geheiratet hatten, heftig geeifert, aber offenbar nicht viel erreicht: nur eine Thatsache weiss er zu berichten, die Vertreibung des Sohnes des Jojada, des Schwiegersohnes des Sanballat. Hätte er auch gegen andere durchgreifende Schritte gethan, so würde er es nicht verschwiegen haben. Fürwahr kein Wunder! Ein Übel wie dieses, dessen sich eine Menge Juden jeden Ranges und jeden Standes schuldig gemacht hatten, auszurotten, dazu reichte selbst die Macht des Landpflegers nicht aus. Mit dem starken Arme allein war hierin nicht viel gethan. Es gab nur ein Mittel, nämlich dass das echte Israel sich absonderte von den Heiden und von den mit den Heiden verschwägerten Volksgenossen und so im Volke eine Gemeinde bildete. Dies nun ist geschehen und die Gemeinde hat sich verpflichtet, sich nicht mehr mit Heiden zu verschwägern. Ist nach dieser Thatsache das Auftreten des Nehemia, wie es 13.₂₃ f. beschrieben wird, wohl zu erklären? Mich dünkt, nicht. Zu den Leuten der Gemeinde können die Juden, gegen die er eiferte, nicht gehört haben; und wenn sie ausserhalb derselben standen, wurden sie angesehen als die „Völker des Landes" und dann hätte Nehemias Unwillen nicht so heftig gegen sie loszubrechen gebraucht.

Neh. 13. ₄₋₃₁ als Ganzes macht völlig den Eindruck, dass in dem Kreise, in dem Nehemia auftritt, keine Absonderung von Juden und Heiden stattgefunden habe. Eine grosse Anzahl Juden sind durch Verschwägerung mit Fremden verbunden, handeln mit Ihnen am Sabbat; ein Nicht-Israelit hat eine לשכה im Tempel. Und nicht ein Wort in der Erzählung giebt uns ein Recht, anzunehmen, dass dies Alles stattgefunden habe im Widerspruche mit einem kürzlich erst abgelegten Gelübde, auf welches im ganzen Stücke nicht eine einzige Anspielung gemacht wird. Dies spricht für die Richtigkeit der von uns angenommenen Reihenfolge, die auch Rechenschaft giebt über den verschiedenen Gebrauch von Israel, der uns in den beiden Perikopen begegnet. In Neh. 9, 10, wo die Wiederherstellung Israels erzählt wird, wird natürlich vorausgesetzt, dass Israel in Palästina ist: die Kinder Israels versammeln sich (9.₁); der Samen Israels sondert sich ab von den Fremden (9.₂); die Sündopfer sollen Sühne erwirken für Israel (10.₃₄); die Kinder Israels sollen ihre Gaben in das Magazin bringen (10.₄₀). Dagegen kennt der andere Abschnitt kein Israel in Palästina; Juda bringt den Zehnt in die Magazine (13.₁₂); die Tyrier verkaufen an die Kinder Juda (13.₁₆); Nehemia hadert mit Judas Edelen (13.₁₇); es sind Juden, die fremde Frauen geheiratet haben (13.₂₃). Der Schreiber kennt wohl ein Israel, aber dies ist nicht das in Kanaan lebende Volk, sondern das Volk in der Zerstreuung, auf dem Jahves Zorn ruht (13.₁₈), oder das einmal bestehende Volk. Salomo war König Israels; Gott hatte ihn zum Könige über ganz Israel gemacht (13.₂₆). Die letzten Stellen lehren uns deutlich, dass der Schreiber mit Israel etwas anderes meint, als mit Juda, und dass, wenn er den ersten Namen den Bewohnern Kanaans nicht giebt, er dies unterlassen haben muss, da diese in seinen Augen nicht „Israel" sind.

Zum Schlusse noch dies: Nach 10.₃₃ ₄₀ hat die Kahal oder Gemeinde offenbar den Tempeldienst in den Händen und sind die hervorragendsten Tempeldiener der Gemeinde günstig gesinnt. Wie sollte man anders Anordnungen haben treffen können über die Ein- künfte des Tempels und die Bestimmung der Tempelgemächer? Dies nun kann vor Nehemias Rückkehr der Fall nicht gewesen sein. Der Hohepriester Eljasib nämlich ist (13.₄ ₉) im Jahre 432 bei Nehemias Rückkunft noch in seinem Amte, und dieser ist so wenig den Beschlüssen der Kahal zugethan, dass er nicht nur sei- nen Anverwandten, den Ammoniter Tobia, nicht verleugnet, son- dern ihm sogar während Nehemias Abwesenheit ein Gemach im Tempel eingeräumt hat. Es muss also zwischen der Zeit von Ne- hemias Rückkehr und der Bildung der Gemeinde etwas geschehen sein, wodurch die Priesterschaft für Nehemia gewonnen wurde. Nun wohl, dass eine durchgreifende Veränderung in der Priester- schaft stattgefunden hatte, bestätigt in der That 13.₂₈ f. Hier sagt Nehemia, nachdem er die Verjagung des Sohnes des Jojada mit- geteilt hat: „Gedenke ihrer, mein Gott, um der Entweihung willen der Priesterschaft und gedenke des Bundes der Priesterschaft und der Leviten." Dies gilt, wie aus „ihrer" hervorgeht, nicht dem Sohne des Jojada allein, sondern auch anderen Leuten der Priester- schaft. Nehemia muss also gegen die vornehmen priesterlichen Familien sich durchgreifender Massregeln bedient haben. Fürwahr, nach allem, was geschehen war, konnte ein Konflikt zwischen Ne- hemia und dem Hause des Eljasib nicht ausbleiben. Denn seit Jahren hatte dies eine feindliche Haltung gegen Nehemia ange- nommen: „schon kurz nach dem Bau der Mauer hatten ansehnliche

jüdische Familien, unter denen natürlich die hohenpriesterliche sich
befand, des Nehemia Widersacher Tobia, den Anverwandten des
Eljasib, beschützt (6. ₁₅₋₁₉). Und als nun Eljasib zur Zeit von
Nehemias Abwesenheit ein Gemach des Tempels demselben To·
bia eingeräumt hatte, war Nehemia offenbar entschlossen, es
zu einem völligen Bruche mit der hohenpriesterlichen Familie
kommen zu lassen. Er lässt die Geräte des Tobia auf die Strasse
werfen. Wenn wir nun noch vernehmen, dass Nehemia Eljasibs
Enkel schimpflich von sich fortschickt, dann ist es offenbar,
dass hierauf noch mehr gefolgt sein muss. Nach all' dem Ge·
schehenen konnten Eljasib und Nehemia nicht mehr als Hoherpriester und Landpfleger neben einander wirken; einer von beiden
musste weichen. Wer, ist nicht zweifelhaft. Wenn Nehemia V. 30
die Dienstordnung der Priester und Leviten regelt, ist offenbar die
Oberaufsicht über den Tempel an Nehemias Geistesverwandten
übergegangen. Wie im Einzelnen der Verlauf des Konflikts ge·
wesen ist und welchen Zusammenhang wir annehmen müssen
zwischen unserem Berichte und der bekannten Erzählung des Jo·
sephus von der Vertreibung von Sanballats Schwiegersohn Manasse
und der Stiftung des Gottesdienstes auf dem Garizim, können wir
ruhen lassen;[1]) wir stellen allein fest, dass durch Nehemia eine
grosse Veränderung in der Priesterschaft vorgenommen ist. Wenn
dies aber so ist, dann muss auch die Bildung der Gemeinde, die
zu Stande kam, als eine ihr gutgesinnte Priesterschaft an der Spitze
des Tempeldienstes stand, n a c h den in 13. ₄₋₃₁ erwähnten Ereig·
nissen stattgefunden haben.

B. Das Verhältnis von Neh. 9, 10 zu Neh. 7. ₇₃ b — 8. ₁₈.

Nachdem wir gesehen haben, dass das, was Neh. 13. ₄₋₃₁ erzählt wird, vor der in Neh. 9, 10 beschriebenen Bildung der Gemeinde vorgefallen ist, bringen wir Neh. 8, den Bericht von der
Vorlesung des Gesetzes mit in Diskussion und fragen, ob derselbe
zu Recht v o r der Erzählung von der grossen Versammlung steht·
Bevor wir diese Frage beantworten, dürfte es nützlich sein, darauf
hinzuweisen, dass auch dieser Bericht aus der Feder des Chronisten
geflossen ist und uns also nicht in seiner ursprünglichen Gestalt
überliefert ist. Vorerst ist das Auftreten der Leviten hier ebenso

---

1) S. hierüber S t a d e, G. d. V. J. II S. 189 ff.

unmotiviert, wie in Neh. 9. ₄f. Nachdem uns mitgeteilt ist, dass
Esra von Tagesanbruch bis zum Mittag dem Volke aus dem Gesetze vorlas (8. ₃), vernehmen wir V. 7 f., dass dreizehn Leviten
(in V. 8 ist ˙ vor לֵוִיִם mit 1. Esdras und Vulg. zu streichen) das
Volk im Gesetze unterrichten und daraus vorlesen מְפֹרָשׁ (nach 4. ₁₈
„deutlich,“ vielleicht ist gemeint: mit Erklärung, durch eine Art
Targum). Man fragt unwillkürlich: Müssen etwa diese Leviten das
von Esra Verlesene erläutern? Und zu welcher Zeit müssen wir
uns das Vorlesen der Leviten denken? Nachdem Esra schon einen
halben Tag die Aufmerksamkeit des Volkes in Anspruch genommen
hat? Dies scheinen wir in der That aus den Worten herleiten zu
müssen: „während das Volk auf seinem Platze blieb.“ Wenn nicht,
so haben wir hier ein Einschiebsel des Chronisten, der seine Schoss-
kinder, die Leviten, die er auch anderswo als Gesetzeserklärer hin-
stellt (II. Chron. 17. ₇₋₉) einen thätigen Anteil an der Einführung
des Gesetzes nehmen lassen will und nicht gewahrt, dass er hierdurch Esra in ein zweifelhaftes Licht stellt. Von ihm ist ohne
Zweifel auch die Schilderung, dass dem Esra beim Vorlesen je
sieben Leviten zur Linken und zur Rechten stehen.¹) Aber auch
nach der Entfernung der Leviten ist die Erzählung noch nicht in
Ordnung: V. ₄a, 5 gehört vor V. 3: Der Bericht, dass Esra auf
einem hölzernen Stuhle stand, das Buch öffnete und hierauf das
ganze Volk aufstehen liess, muss natürlich der Mitteilung vorausgegangen sein, dass er vom Morgen bis zum Mittag vorlas. Die
ursprüngliche Erzählung wird gewesen sein V. 1 f., ₄a, 5, 3; hiernach muss etwas ausgefallen sein. Bevor Esra Jahve preist und
das Volk hierauf: Amen, amen antwortet (V. 6) muss das Volk erklärt haben, dies Gesetz als Gottes Gesetz anzunehmen. Dies ver-
missen wir in der Erzählung. Ganz natürlich; der Redaktor sah
hier nicht die Einführung eines neuen Gesetzbuches, da nach ihm
alle Gesetze von Moses waren, und konnte also, was hier von der
Annahme eines neuen Gesetzes durch das Volk erzählt gewesen
sein mag, nicht hierher setzen. Darauf folgte V. 9 f. mit Ausschluss
der Worte „und die Leviten, die das Volk unterrichteten“; V. 11
ist wieder vom Überarbeiter: Die Leviten mussten natürlich auftreten, um das Volk zu beruhigen; das Wort des Nehemia und

---

1) Nach I Esdr. 9. ₄₈ wird die erste Reihe mit Ἀζαρίας vervollstän-
digt werden müssen, so dass an jeder Seite Esras 7 stehen.

Esra genügte dazu nicht. In dem Folgenden ist die Hand des Überarbeiters nicht zu bemerken.

In dieser Erzählung nun, in ihrer ursprünglichen Gestalt, tritt „die Gemeinde" auf, deren Bildung uns in Neh. 9, 10 mitgeteilt wird. Esra bringt das Gesetz vor „die Gemeinde" (8. ₂); die „ganze Gemeinde" feiert das Laubhüttenfest (V. 17). Wird in letztgenannter Stelle die Gemeinde bezeichnet als הַשָּׁבִים מִן הַשְּׁבִי, so bedeutet dies nicht, dass allein die zurückgekehrten Verbannten gemeint sind; in V. 13 und im Vorhergehenden passim heisst die Gemeinde: „das ganze Volk," ein Ausdruck, der sehr wenig zutreffen würde, wenn von der das Fest feiernden Gemeinde die in Palästina geborenen Kinder Israels ausgeschlossen gewesen wären. Die neue Gemeinde heisst die Gola a potiori: die gewesenen Verbannten waren ihre Edlen, ihr Kern, ihr „Krystallisationspunkt", wie Oettli sagt.

Geht schon daraus hervor, dass die Vorlesung des Gesetzes nach der Bildung der Gemeinde stattfand, so wird dies vorläufige Resultat durch folgende Erwägungen auf das Gewisseste bestätigt.

Das Gesetzbuch, das Esra zum Vorschein bringt und vorliest, ist offenbar ein neues und also dem Volke unbekanntes Gesetzbuch (8. ₂₋₈). Mit den meisten Neueren halten wir dafür, dass es das historisch-legislative, in priesterlichem Geiste geschriebene Buch ist, das einen der Hauptbestandteile (P) des Hexateuch bildet, genauer die Teile desselben, die von Kuenen als P¹ und P² bezeichnet sind.[1] Wenn die Einführung dieses Gesetzbuches (Neh. 8) der Bildung der Gemeinde, die in Neh. 9, 10 erzählt wird, vorausgegangen ist, so müssen wir in den Verpflichtungen, die die Gemeinde sogleich, nachdem sie gebildet war, auf sich nahm (10. ₃₃₋₄₀), den Einfluss dieser Schrift verspüren. Lassen sich diese aber vollständig bei der Annahme erklären, dass die Gemeinde noch auf dem Grunde des deuteronomischen und anderer alter Gesetze stand, dann müssen wir schliessen, dass zur Zeit der Bildung der Gemeinde der Priestercodex noch nicht eingeführt war. Eine Vergleichung der Verpflichtungen, die die eben gebildete Gemeinde auf sich nahm, mit den denselben korrespondierenden Bestimmungen in den älteren und jüngeren Gesetzbüchern ist also für unsere

---

[1] S. HKO.² I bl. 215—219, 293—303. Dr. H. Holzinger, Einleitung in den Hexateuch (Freiburg i. B. und Leipzig 1893) S. 450 ff.; Dr. G. Wildeboer, De Letterkunde des Ouden Verbonds bl. 354 vv.

Untersuchung von der grössten Wichtigkeit. Der Vergleichung
gehe noch folgende Bemerkung voraus. Die Gemeinde hat sich
nach 10. ₃₀ mit feierlichem Eide verbunden, „zu wandeln im Gesetze Gottes, das von Moses, dem Knechte Gottes gegeben war,
und einzuhalten und zu beobachten alle Gebote Jahves unseres
Gottes und seine Einsetzungen und Verordnungen." Welches dies
Gesetz ist, das muss unsere Untersuchung lehren. Doch wenn wir
nun V. 33 ff. von namentlich aufgezählten Verpflichtungen hören,
wozu sich die Glieder der Gemeinde verbinden, so müssen wir annehmen, dass diese Verpflichtungen nicht ipsis verbis in diesem
Gesetz standen: Es ist doch nicht anzunehmen, dass man manche
Bestimmungen aus dem Gesetze, dem man soeben Treue schwur,
solle herausgehoben haben, um sie noch besonders als Hauptbe-
stimmungen anzunehmen. Denn man würde dadurch die anderen
Gebote, als von geringerem Belang, eines guten Teils ihres An-
sehens beraubt haben. Die Worte, mit denen die Aufzählung dieser
Verpflichtungen beginnt הֶעֱמַדְנוּ עָלֵינוּ מִצְוֹת „wir legten uns selbst
Gebote auf," geben denn auch deutlich genug zu erkennen, dass
diese Gebote als nicht im Gesetze stehend erachtet wurden, sondern
ausserhalb desselben, und dass sie noch neben demselben von den
Israeliten angenommen wurden. Israel nimmt zur Instandhaltung
des Tempeldienstes allerlei Verpflichtungen auf sich, die vom Gesetze nicht ausdrücklich vorgeschrieben sind, aber durch den Zustand, in dem sich die Gemeinde befindet, gefordert werden.

Auf dem Grunde welches Gesetzes steht die Gemeinde, die
sich selbst diese Bestimmungen auferlegt? Ihre Beschlüsse, betreffend das Nicht-Kaufen am Sabbat und an den Festtagen und das
Nicht-Einfordern von Schulden (10. ₃₂), haben das priesterliche Gesetz
nicht zum Hintergrunde. Was das Erstere betrifft, so behaupten
viele das Gegenteil: man sagt, das priesterliche Gesetz dringe vor
allem auf Enthaltung von der Arbeit und vollkommene Ruhe am
Sabbat und deshalb müsse dieser Beschluss auf ihm beruhen. Andere (wie Ryle L. c. p. 272) meinen, dass besonders die Forderung,
an Festtagen nicht zu kaufen, für eine Bekanntschaft mit Esras Gesetzbuche spreche. Ich kann dies nicht einsehen. Auch ältere Gesetze
fordern, übereinstimmend mit den alten Sitten, Ruhe, nicht nur am
Sabbat, sondern auch an Festtagen; s. Deut. 5. ₁₂₋₁₅, 16. ₈, II Koen.
4. ₂₃, Am. 8. ₅. Aber ferner wird hier keineswegs Enthaltung von
allem Werke gefordert; wenn P², worin auf absolute Sabbatsruhe

nach dem Vorbilde Gottes selbst gedrungen wird (Gen. 2. ₃), der Versammlung bekannt gewesen wäre, was konnte sie dann bewegen, eine Bestimmung geflissentlich festzusetzen, die schon aus der allgemeinen Vorschrift des Gesetzes folgt und weniger weite Tragweite hat, als dies. Der Beschluss der Gemeinde ist um so berechtigter, je weniger nachdrücklich die Sabbatsruhe vom Gesetze vorgeschrieben war, und ist viel besser zu erklären als Offenbarung des Geistes der Zeit (vergl. 13. ₁₅₋₂₂, Ezech. 20. ₁₂) und als Vorbereitung der priesterlichen Vorschriften über die Sabbatsfeier, denn als eine vollkommen überflüssige Anwendung derselben.

Das Gelöbnis der Gemeinde über das Sabbatjahr und die Einforderung der Schulden, stützt sich ganz auf Exod. 23. ₁₀ f. und Deut. 15. ₁ f., während zu der Vorschrift von P zu dieser Sache Lev. 25. ₁₋₇ keine Anknüpfungspunkte vorhanden sind. Die Gründe, weshalb sich die Gemeinde ausdrücklich dazu verbindet, müssen wahrscheinlich in den damaligen Umständen gesucht werden; vergleiche Neh. 5. ₁₋₁₃.

Schaubrod (V. 34) wird wohl in keinem anderen Gesetze, als dem priesterlichen erwähnt (Exod. 25. ₂₃₋₃₀, Lev. 24. ₅₋₉), aber wurde von altersher der Gottheit dargebracht (I Sam. 21. ₄₋₆, I Koen. 7. ₄₈) und war auch im zweiten Tempel notwendig. Wir brauchen also keine Bekanntschaft mit P² anzunehmen, um die Erwähnung desselben zu erklären. Dagegen erregt der Name הַמַּעֲרֶכֶת לֶחֶם, der hier angegeben ist, den Verdacht, dass die Versammlung P² nicht kannte. Denn dort heisst das Brod לֶחֶם פָּנִים; das Wort מַעֲרֶכֶת kommt, wohl nicht für das Brod selbst, aber für die Schichten (der Schaubrode) vor, allein in einem späteren Zusatze zu diesem Gesetze (Lev. 24. ₆ f.). Warum sollte die Gemeinde eine andere Benennung gewählt haben, als die, dessen sich das Gesetz Gottes, das sie eben erst angenommen hatten, bediente?

Das, was über die Erstlinge, die Erstgeborenen und den Zehnten bestimmt wird, stimmt im Grossen und Ganzen mit dem überein, das darüber in P² vorgeschrieben wird. Die Übereinstimmung kann auf zweierlei Art erklärt werden. Die Beschlüsse der Gemeinde können dem Gesetzbuche entlehnt, aber ebensowohl die Vorläufer desselben gewesen sein. A priori schon halten wir das Erste für unwahrscheinlich: ist P das Gesetz, zu dem man sich nach V. 30 verbindet, so ist dies nun vorerst eingeführt und wird man darin

nicht sofort Abänderungen angebracht haben; und beabsichtigte
man dies letztere nicht, warum sollte man dann, nachdem man das
ganze Gesetz beschworen hatte, sich zur Befolgung einzelner seiner
Gebote noch durch besonderes Gelöbnis verpflichtet haben? Doch
a posteriori geht hervor, dass diese Bestimmungen nicht P, sondern
vielmehr das deuteronomische und andere vorexilische Gesetze voraussetzen. Dies geht sehr deutlich daraus hervor, was V. 37 über
die Erstgeborenen bestimmt wird. Dieser Vers lautet: Wir legten
uns selbst die Verpflichtung auf . . . . . „dass wir die Erstgeborenen
unserer Söhne und von unserem Vieh — wie es im Gesetz geschrieben steht — die Erstgeburt unserer Rinder und Schafe bringen
sollten in das Haus unseres Gottes, vor die Priester" u. s. w. Welch'
eine sonderbare Form! welch' eine Tautologie: erst „das Vieh"
und darnach besonders erwähnt „die Rinder und Schafe." Und
warum allein im ersten Gliede die Berufung auf das Gesetz? Das
Sonderbare dieses Verses verschwindet bei einer richtigen Erklärung. Die Worte blicken zurück auf zwei Gesetzesbestimmungen.
Vorerst auf Exod. 13. $_1$ f., $_{12}$ ff., wo geboten wird, die Erstgeburt
von Menschen und Vieh Jahve zu weihen, doch so, dass Menschen
und unreine Tiere losgekauft werden. Auf dies Gesetz zielt das
erste Glied unseres Verses: „Die Erstgeburten unserer Söhne und
unseres Viehs" und hierauf folgt: „wie im Gesetz geschrieben
steht," damit man sich an dies Gebot, ohne etwas daran zu
verändern, halten soll. Anders steht es mit der Gesetzesbestimmung, der die folgenden Worte entnommen sind; mit „den Erstgeburten unserer Rinder und Schafe" wird auf Deut. 15. $_{19}$ f. ge-
zielt; doch hierbei wird nicht gesagt: „wie im Gesetz geschrieben
steht," damit man diese Gesetzesbestimmung nicht abändere: die
Erstgeburten, von denen es da heisst, dass man sie vor Jahves
Angesicht verzehren muss, beschliesst man hier wohl in den Tempel
zu bringen, aber als Gabe für die Priester. Die Tautologie ist
also Folge davon, dass man auf zwei Gesetze blickt, von denen
das eine von „Menschen und Vieh" (בבהמה), das andere von „Rin-
dern und Schafen" spricht; an das erste, in dem nicht von Mahlzeiten, bei denen man die Erstgeburten verzehrt, die Rede ist, soll
man sich halten; darum heisst es von ihm „wie es im Gesetze geschrieben steht;" von dem anderen weicht man ab: man soll nicht
mehr, wie da vorgeschrieben ist, die Rinder und Schafen bei den
Mahlzeiten verzehren, und darum folgt hier auch kein: „wie im

Gesetz geschrieben steht." [1]) Die Gesetze nun, auf die hier zurück-
geblickt wird, sind beide nicht aus P; nähmen wir an, dass die
Gemeinde das Gesetz von P über die Erstgeburt gekannt habe
(Num. 18. $_{15}$ ff.), so würde nicht allein die Form unseres Verses vollkommen unerklärlich bleiben, sondern wir würden auch nicht einsehen können, warum die Gemeinde etwas, das im Gesetze deutlich bestimmt war, noch einmal geflissentlich, in weniger deutlichen
Ausdrücken festsetzte. Dass die Bestimmung der Gemeinde denselben Inhalt hat, wie das P-Gesetz über die Erstgeburten, ist vollkommen wahr und — höchst natürlich; denn dies Gesetz hat nicht etwas
absolut Neues eingeführt, sondern nur codificiert, was schon durch
die Macht der Verhältnisse oder durch freiwillige Verpflichtung Gebrauch geworden war. Bevor durch dies Gesetz bestimmt wurde,
die Erstgeburt den Priestern zu geben, hatte man schon, um für
die Bedürfnisse des Tempeldienstes zu sorgen, sich dazu verstanden, sie ihnen abzutreten.

Dasselbe nun ist der Fall mit den Beschlüssen über die Erstlinge. Was davon in V. 36 bestimmt wird, ist entlehnt Exod. 23. $_{15}$,
34. $_{26}$. Wenn auch in diesen Stellen die Meinung ausgesprochen
ist, dass man die Erstlinge im Heiligtume opfern solle, so ist dies
dort doch nicht mit so vielen Worten ausgedrückt; deshalb konnte
die Vorschrift „du sollst sie in das Haus Jahves deines Gottes
bringen" aufgefasst werden im Sinne von: „vor die Priester." In
diesem Sinne nimmt denn auch die Gemeinde das Gebot auf, ohne
es ausdrücklich zu sagen. Es ist ein Citat aus dem Gesetze und
das „wie im Gesetze geschrieben steht" von V. 37 gilt auch dieser
Bestimmung. Wenn die Gemeinde die Vorschrift des priesterlichen
Gesetzes Num. 18. $_{12}$ f. gekannt hat, warum sollte sie dann die Bestimmung eines älteren Gesetzes angezogen haben, in welches das,

---

1) Dies steht auch noch 10. $_{35}$ von der Holzlieferung. Da hierüber
im Gesetze nichts gesagt wird, so fragt sich's, was der Schreiber meine.
Die Worte können nicht auf priesterliche Traditionen zurückweisen, die
nicht im Pentateuch aufgenommen waren, wie Ryle will, da die Ver-
weisung sich beziehen muss auf eine dem Volke bekannte Schrift. Ebenso
wenig zielen sie auf Lev. 6. $_3$f., das selbst nicht zu Esras Gesetzbuch P[1], [2]
gehört. Viel eher bedeuten die Worte: damit vollkommen erfüllt werden
könne, das was über den Opferdienst im Tempel vom Gesetze geboten
ist. Insofern ist auch diese Massregel „nach dem, was im Gesetze geschrieben ist."

was sie eigentlich meinte, in gewissem Sinne noch eingelegt werden musste? In Verbindung damit verdient es Beachtung, dass
das priesterliche Gesetz eine andere Bestimmung über die Erstlinge der Baumfrüchte enthält (Lev. 19. ₂₃ f.); dies beweist, dass dies
Gesetz zu der Zeit, da diese Bestimmungen getroffen wurden, noch
nicht eingeführt war; man wird doch nicht unmittelbar nach der
Einführung eines Gesetzes eine seiner Bestimmungen schon wieder
verändert haben, was doch erst nach Verlauf einiger Zeit denkbar
ist. In V. 38 lesen wir, dass man das Beste von עִירֹשׁ, und
תִירֹשׁ der Baumfrüchte, Most und Öl fortan den Priestern geben
solle. Zum Unterschied von V. 36 ist hier das Beste gemeint,
nicht von Getreide und Baumfrüchten selbst, sondern von dem,
was daraus bereitet ist. Dies nun wird auch im priesterlichen Gesetze (Num. 18. ₈ ff., vergl. Num. 15. ₂₀) den Priestern zuerkannt,
aber unser Text weist nicht darauf, sondern auf Ezech. 44. ₃₀ zurück. Hier wird nicht allein dieselbe Bestimmung, sondern es
werden ganz dieselben Ausdrücke תֵּרֵאשִׁית רֵאשִׁית und עִירֹשׁ
רֵאשִׁית angetroffen. Selbst wenn die Versammlung ihre Beschlüsse
nach der Einführung des Gesetzes getroffen hätte, würden wir urteilen müssen, dass sie, wie die von ihr gebrauchten Ausdrücke
zeigen, hierin von Ezechiel und nicht von P² abhängig war.

Was die Bestimmung über den Zehnt betrifft, V. 38 b, 39, so
stimmt diese mit dem was P² vorschreibt, in Num. 18. ₂₁, ₂₄, ₂₅ ff.
überein. Hieraus folgt aber nicht, dass sie daraus entlehnt ist. Wir
haben früher gesehen, dass, bevor die grosse Versammlung beschloss,
dass die Leviten den Zehnt in Empfang nehmen sollten, dieser
wohl schon für Priester und Leviten bestimmt war, aber von den
Juden in die Tempelmagazine gebracht wurde. Da nun das priesterliche Gesetz hierin mit dem Beschlusse der Versammlung und nicht
mit der früheren Praxis übereinstimmt, so hat dasselbe nicht zuerst
den Zehnten den Priestern und Leviten zuerkannt. Es hat nur
das, was nach den Verhältnissen nötig erschien, und schon thatsächlich bestand, bekräftigt. Der Beschluss der Versammlung über
den Zehnten braucht also nicht anf Grund dieses Gesetzes getroffen
zu sein, ebensowenig wie das, was Maleachi darüber sagt, auf dasselbe zurückweist. Dieser Prophet setzt allein das deuteronomische,
nirgends das priesterliche Gesetz voraus; nur betreffs des Zehnten
weicht er von dem ersten ab und nähert sich dem letzten; denn
er geht von der Voraussetzung aus, dass der Zehnt in das Tempel-

magazin gebracht wird, natürlich, damit er unter die Priester und Leviten verteilt werde (Mal. 3. ₈₋₁₀) [1]). Doch ist diese seine Voraussetzung nicht diesem Gesetze entnommen; denn Maleachi weiss wohl, dass der ganze Zehnt ins Tempelmagazin gebracht werden muss, aber kennt die Bestimmung nicht, nach der die Leviten selbst ihn in Empfang nehmen müssen. Auch er bezeugt also, dass schon vor der Einführung von P² Anordnungen über die Zuteilung des Zehnten an das Tempelpersonal getroffen waren.

Steht es also einesteils fest, dass schon vor der Einführung des priesterlichen Gesetzes der Zehnte den Priestern und Leviten zuerteilt worden ist, so ist es ebenso sicher, dass dasjenige, was das Gesetz hierüber festsetzt, der Zeit nach auf die Bestimmung von 10. ₃₈ b, ₃₉ folgt. Denn was hier wie es scheint zum ersten Male beschlossen wird, dass nämlich die Leviten den Zehnten einsammeln sollen, wird Num. 18. ₂₆ schon vorausgesetzt. Von dem Zustande, den die Gemeinde noch schaffen muss, geht der Gesetz-

---

1) S. besonders Wellhausen, Skizzen und Vorarbeiten, 5. Heft (1892) S. 200 f. Ebenso wie er, urteilen Cornill, Einleitung in das Alte Testament (1891) S. 200—203; Ed. König, Einleitung in das Alte Testament (1893) S. 377 f.; Wildeboer, De Letterkunde des Ouden Verbonds (1893) bl. 385—391, dass Maleachi ein Vorläufer der Reformation des Esra und Nehemia gewesen ist. Dagegen meint Prof. Kuenen, besonders auf Grund dessen, was Maleachi über den Zehnten sagt (HKO² II bl. 428 bis 430), dass er erst darnach aufgetreten ist. Obwohl auf der Seite der erstgenannten Gelehrten stehend, meine ich doch, dass ein Argument von Wildeboer gegen Kuenen nicht ganz zutrifft. Er sagt, dass Maleachi sich in der Sache des Zehnten an das Deuteronomium anschliesst. Dies ist nicht ganz richtig: während das deuteron. Gesetz (Deut. 14. ₂₈₋₂₉, 26. ₁₂) fordert, dass der Zehnt zu Jerusalem bei den Opfermahlzeiten verzehrt werde, und allein der Zehnt vom 3. Jahre den Leviten in ihren Wohnorten ausgeteilt werde, nimmt Maleachi an, dass der ganze Zehnt in die Magazine des Tempels gebracht werde, also den Zustand von Neh. 13. ₁₀ ff. Man kann aber zugeben, dass Maleachi in dieser Sache sich mehr mit P² als mit Deuteron. berührt und doch aufrecht erhalten, dass er nicht das erste, sondern das letzte Gesetz kennt. Ferner scheint es, als ob dieser Prophet die Bildung der Gemeinde noch nicht kenne. Das in Palästina wohnende Volk heisst „Juda" (2. ₁₁, 3. ₄) oder „Kinder Jakobs" (3. ₆); den Namen „Israel" gebraucht er, wenn er spricht vom Volke vor der Verbannung (3. ₂₂) und einmal (1. ₅), wo er das Land Kanaan als Israels Bereich bezeichnet: Das Land gehörte nicht der damaligen Bevölkerung, sondern dem ganzen grossenteils zerstreuten Israel.

geber aus; die Art und Weise, wie dieser sich ausdrückt, zeigt, dass er es für notwendiger erachtet, den Leviten einzuschärfen, dass sie den Zehnten vom Zehnten für die Priester abtreten, als dass er ihnen selbst ihren Anteil vom Zehnten gewährleiste. Bei der Erwähnung der Opfer ist ein Unterschied zwischen den Beschlüssen der Gemeinde in Neh. 10 und den Bestimmungen des priesterlichen Gesetzes zu bemerken: während 10. 34 das tägliche Speiseopfer vom täglichen Brandopfer unterschieden wird, wahrscheinlich in Übereinstimmung mit dem vorexilischen Gebrauche (vergl. Kuenen HKO^2 I bl. 300 v.) ist nach Num. 28. 3 8 das Speiseopfer mit dem Morgen- und Abendbrandopfer verbunden. Während ferner das Gesetz Sünd- und Schuldopfer kennt (Lev. 5. 1 — 6. 7; 7. 37) werden Neh. 10. 34 allein die ersten erwähnt. Wir wollen aber auf diese Unterscheidungspunkte kein Gewicht legen, da sie Gesetze betreffen, die zu den Zusätzen zum priesterlichen Gesetze (P^3, ^{4}) gerechnet werden.[1]) Es möge aber daran erinnert sein, dass auch P^2 in Num. 18. 9 ^{2}) das Schuldopfer neben dem Sündopfer erwähnt. ^{3})

Aus der angestellten Vergleichung geht hervor, dass die Verpflichtung, welche die Israeliten nach Neh. 10. 33 40 auf sich nahmen, das priesterliche Gesetz nicht zum Hintergrunde hat. Den Einfluss von P spüren wir ebensowenig im grossen Gebete Neh. 9. 7 –37, welches bei der Bundesschliessung gesprochen wird. Die hier erwähnten Thatsachen finden wir alle in den vorexilischen Teilen des Hexateuchs wieder. Wenn auch die Kommentare bei einzelnen Punkten auf Stellen aus P verweisen, so ist es doch nicht schwierig nachzuweisen, dass auch JE und D dieselben Einzelheiten gekannt haben. Es ist wahr, dass P ebenso wie Neh. 9. 7 Ur der Chaldäer als Abrams Geburtsland betrachtet (Gen. 11. 31), doch nach Gen. 15. 7 war J darin schon vorausgegangen. Zu V. 11 verweist man auf Exod. 14. 21 f., welche Verse nach einigen aus P, aber nach Well-

---

1) S. Kuenen HKO^2 I bl. 81 vv., 297 vv.

2) Nach Wellhausen aber ist auch dieser Vers einer der Zusätze zu P^2.

3) Die Frage nach dem Verhältnis des Fastens, das Neh. 1–3 erwähnt wird, zu dem Gesetze über den Versöhnungstag Lev. 16 braucht hier nicht weiter besprochen zu werden. Das Fasten, das der Bundesschliessung vorausging, hatte mit dem Versöhnungstage nichts zu thun; Kuenen HKO^2 I bl. 302 v.

h a u s e n aus älteren Quellen stammen;[1]) in jedem Falle haben
die älteren Schriften die Erzählung auch gehabt. Die einzige, im
Gebete befindliche Bemerkung, die uns allein in P überliefert ist,
ist (Neh. 9. ₇), dass Jahwe den ersten Erzvater Abraham genannt hat.
Das erinnert an Gen. 17.·₅. Doch erstens ist im Gebete von keiner
eigentlichen Namens v e r ä n d e r u n g die Rede und ist mit den
Worten: „du hast seinen Namen Abraham genannt" vielleicht nichts
anderes gemeint, als was Jes. 51.₂ von Abraham gesagt wird; und
ferner ist es höchst wahrscheinlich, dass auch die älteren Urkunden, die ja auch die Namensveränderung des Jakob in Israel erzählen, hiervon etwas gesagt haben, das später von P. verdrängt
ist. Doch, wie dem auch sei: die ganze Geschichtsbetrachtung,
wie sie hier gegeben wird, ist nicht die von P., sondern deutero-
nomistisch vom Anfang bis zum Ende; zahlreich sind die deuteronomistischen Wendungen (vergl. V. 10 mit Deut. 6. ₂₂; V. 13 mit Deut.
4. ₃₆; V. 21 mit Deut. 2. ₇; 29. ₅ V. ₂₅ mit Deut. 6. ₁₁, 32. ₁₅; V. 27 f.
mit Richt. 2. ₁₁–₂₃); die Gesetze werden bezeichnet mit den eigenartigen Ausdrücken des Deuteronomium: Gebote, Einrichtungen,
Verordnungen (vergl. V. 13 f. mit Deut. 4. ₄₄ f., 11. ₁, 12. ₁.) Wenn
das Gesetzbuch von P. eben eingeführt war und auf Grund davon
ein Bund geschlossen wurde, würde dann ein Redner Israels, der
in diesem neuen Gesetzbuche bewandert und mit seinem eigenartigen Style vertraut war, ein langes Gebet vor dem Volke haben
sprechen können, in dem eine Menge Erinnerungen an andere Gesetze und Erzählungen vorkommen, aber in dem die neue heilige
Schrift einfach negiert wird? Es ist dies undenkbar. Deshalb ist
das Gesetz von 10. ₃₀, ein altes, das man auf's Neue, nicht ein
neues, das man zum ersten Male annimmt.

Im Gesetzbuche des Esra wird Israel nicht selten bezeichnet
als die ‏קהל‎, u. a. Exod. 12. ₆, Num. 10. ₇, 17. ₁₂. Diese Stellen werden von W e l l h a u s e n, K u e n e n, C o r n i l l einstimmig zur ursprünglichen Schrift gerechnet.[2]) Mit diesem Worte ist nicht gemeint, eine Versammlung von Israeliten eine zeitweise Vereinigung
sei es auch von ganz Israel, sondern das Volk als Ganzes, gedacht
als eine religiöse Gemeinschaft. Israel heist die Kahal, wie es in
derselben Schrift öfters ‏עדה‎, Gemeinde, genannt wird, Exod. 12. ₃,
₆, 19, 47, Lev. 9. ₅, Num. 1. ₁₆, 3. ₇, 10. ₂, 27. ₂ f, 14, 16, 19, 21 f. u. s. w.)

1) S. K u e n e n HKO² I bl. 72.
2) S. H o l z i n g e r, Einleitung i. d. Hexateuch II. Tabellen S. 7 f. 14.

Solch' eine „Gemeinde" kennen die älteren Schriften, die der Zeit des Esra und Nehemia vorausgehen, nicht. Auch Deut. 23. ₂₋₉ kommt sie nicht vor. Denn hier ist die Rede, nicht von einem Hinzutreten zu einer religiösen Gemeinschaft, wie Manche meinen,[1]) sondern von der Befugnis in den religiösen Zusammenkünften Israels zu erscheinen; mit Recht sagt Wellhausen (Skizzen und Vorarbeiten II S. 203), dass hier die „Kahal Jahwes" bezeichnet „die wirkliche Panegyris." Die Bedeutung, in der das Wort hier vorkommt, hat wohl die spätere vorbereitet, aber ist doch thatsächlich eine andere. Nach dem deuteronomischen Gesetze erreicht der Gottesdienst seinen Höhepunkt an den hohen Festen. Da musste ganz Israel zu Jerusalem zusammenkommen, um da vor Gottes Angesicht zu erscheinen. Diese Kahal, die versammelte Menge von Israel, das wie ein Mann kam, seinem Gotte zu huldigen. Es versteht sich von selbst, dass Bestimmungen darüber getroffen werden mussten, wer alles dann nicht zu dieser Versammlung hinzutreten dürfe. Es musste darüber gewacht werden, dass es eine Versammlung Israels blieb. Diese Tendenz nun hat das Gesetz von Deut. 23 die Versammlung Jahwes ist hier noch eine Vereinigung, die nach der Lage der Sache zeitlich ist: Wenn die Festgenossen heimkehren, besteht die Kahal nicht mehr; wenn ein späteres Fest Israel wieder zum Heiligtum zusammenruft, wird sie auf's Neue gebildet. In diesem Sinne war Israel auch am Horeb (Deut. 5. ₁₉, vergl. 9. ₁₀, 10. ₄, 18. ₁₆) eine קָהָל. Es liegt auf der Hand, einmal, dass das deuteronomische Festgesetz das Entstehen der religiösen Gemeinschaft vorbereiten musste, aber andernteils, dass die Kahal, die es ins Leben rief, etwas Anderes als die religiöse Gemeinschaft sein musste, die wir nach der Verbannung antreffen. Überall, wo sie in der deuteronomistischen Litteratur vorkommt, trägt sie diesen Charakter einer zeitweisen Vereinigung, Deut. 31. ₃₀, Jos. 8. ₃₅, I. Koen. 8. ₁₄, ₂₂, ₅₅. Ausser Betracht müssen bleiben Deut. 33. ₄, wo die קְהִלַּת יַעֲקֹב erwähnt wird, da dieser Vers interpoliert ist und Micha 2. ₅, wo der Text im Ganzen nicht in Ordnung ist. Ich bemerke nur noch, dass wahrscheinlich selbst das Heiligkeitsgesetz (Lev. 17—26) in seiner ursprünglichen Gestalt, Israel nicht als eine קָהָל oder עֵדָה bezeichnet hat; das erste Wort kommt darin überhaupt nicht vor,

---

1) S. Dillmann, die Bücher Numeri-Josua (1886) S. 347.

das letzte allein Lev. 19.$_2$, 24.$_{14}$ und $_{26}$; von diesen drei Stellen sind die ersten beiden ohne Zweifel überarbeitet, während nach K u e n e n (H. K. O.^{2} I bl. 270) auch in der letzten „Proben nach oder aus P^2 angebracht sind.

Die Bildung Israels zu einer Gemeinde muss also der Einführung des Gesetzbuches vorausgegangen sein. Das umgekehrte Verhältnis, dass das Gesetzbuch den Anstoss gegeben haben solle zur Bildung der Gemeinde, ist unannehmbar. Denn dann müsste diese im Gesetzbuche ausdrücklich vorgeschrieben sein, was nicht der Fall ist. Die Gemeinde wird da als bestehend vorausgesetzt: der Gesetzgeber brauchte augenscheinlich ihre Bildung nicht mehr anzuordnen.

Es kann also mit E. kein Zweifel darüber sein. dass das, was Neh. 9, 10 erzählt wird, der Zeit nach der Einführung des Gesetzes vorausging ⟨Neh. 8⟩. Die Zeitbestimmung durch die jetzt die eine und die andere Erzählung näher bestimmt ist (Neh. 9.$_1$) ist dann bei der Umsetzung eingeschmuggelt. Die Gründe, weshalb dies gethan wurde, liegen klar zu Tage. Nach dem Chronisten bestand die Gemeinde schon eine kleine Zeit vor Nehemia (Esra 6.$_{21}$⟩; die Erzählung, dass ihre Bildung in der Zeit dieses Statthalters stattgefunden habe, konnte er also nicht unterbringen. Deshalb fasste er sie anders auf; er brachte sie in Verbindung mit der Einführung des Gesetzes, die er darnach erzählt fand, liess diese der Bundesschliessung vorausgehen, brachte in Neh. 9, 10 die notwendigen Veränderungen an und erhielt so ein Ganzes, worüber er als Überschrift hätte schreiben können: Erneuerung des Bundes zwischen Jahwe und Israel auf Grund des Gesetzes.

Wenn wir so der Ansicht sind, dass Neh. 7.$_{73\,b}$ —8.$_{18}$ ursprünglich auf Neh. 9, 10 gefolgt ist, so liegt die Vermutung nahe, dass die Liste 7.$_{6—73\,a}$, die mit dem erstgenannten Abschnitte eng verbunden ist, mit diesem von ihrem ursprünglichen Platze hinter c 9, 10 weggenommen worden ist und hiermit auf die eine oder andere Weise verbunden gewesen ist. In der That kommt die Liste so zu ihrem Rechte. Früher schien es uns, als ob sie (mit Ausschluss von V. 7$_a$) Beziehung habe auf die Zeit des Nehemia und einen Zustand voraussetze, in dem das Volk sich gedrungen gefühlt, Beschlüsse zu fassen, um einen geregelten Tempeldienst herbeizuführen. Wohl, solch' eine Zeit ist die der Bildung der Gemeinde, als Israel Beschlüsse fasste u. a. zur Verrichtung des Tempeldienstes (10. $_{33-40}$). Die Liste enthält dann die Aufzählung aller derer, sowohl in als ausserhalb Jerusalems, die zu der eben gebildeten Gemeinde gehörten; dann ist es klar, wie hier (V. 66) von „der Gemeinde (Kahal)" gesprochen werden kann, und dann kommt auch die Überschrift zu ihrem Rechte; denn dann enthält die Liste in der That die Aufzählung der „Kinder der medina, die von den gefangen Weggeführten heraufgezogen sind," zum Unterschiede von anderen Kindern der medina, die zu den Völkern des Landes gehören, öder sich von diesen nicht abgesondert haben. Nach ihrem Kerne wird die Gemeinde als die Gemeinde der Gola bezeichnet. Dann befremdet uns die V. 66 f. genannte Ziffer nicht mehr, die unerklärlich ist, so lange man die Liste als eine solche wirklich Zurückgekehrter auffasst. Wie gut kommt dann auch V. 61—65 zu seinem Rechte. Bei der Bildung der Gemeinde nämlich musste die Frage, über die hier gehandelt wird, zur Sprache kommen, ob man beweisen konnte, dass man „von Israel" war. Kann man ferner eine Zeit im sechsten und fünften Jahrhundert finden, in die besser passt, was V. 70—72 von den freiwilligen Gaben von Israels Edlen erzählt wird? Sind diese nicht die Offenbarung der Gesinnung, die die Gemeinde 10. $_{40}$ ausspricht: „wir wollen das Haus unseres Gottes nicht im Stiche lassen!" Dazu kommt noch dies: wenn man, mit den meisten, die Liste als die unmittelbare Fortsetzung von 7. $_5$ betrachtet und urteilt, dass sie dies schon in des Nehemia Memoiren war, dann bleibt es unerklärlich, dass, während Nehemia im Vorhergehenden das jüdische Volk in Kanaan niemals „Israel" nennt (s. oben S. 51), dies nun auf einmal in dieser Liste geschieht V. 7 b, 61, 73. Diese Bemerkung allein müsste uns schon nötigen, sie von dem, was ihr vorangeht, loszulösen und zu versetzen. Die Thatsache wird erklärt, wenn zwischen den Ereignissen von Neh. 1. $_1$—7. $_5$ und der Zeit, in der die Liste geschrieben wurde, die Bildung der Gemeinde (9, 10) stattgefunden hat, wobei „Israel" wieder hergestellt wurde.

Wir nehmen also die Reihenfolge an: Neh. 9, 10, 7. $_6$—8. $_{18}$, es unentschieden lassend, ob dazwischen noch das eine oder andere erwähnt gewesen ist, was bei der Bearbeitung verloren gegangen ist. Die Frage, ob diese Stücke Nehemias Memoiren entnommen sind, glaube ich verneinend beantworten zu müssen: während Nehemia die Monate mit Namen nennt (Neh. 1. $_1$, 2. $_1$, 6. $_{15}$) werden sie hier nach ihrer Reihenfolge erwähnt (7. $_{73}$, 8. $_{14}$,

9. ₁ die letzte Zeitbestimmung ist aber vom Redaktor]); auch wird von Nehemia nicht nur in der dritten Person gesprochen, sondern er wird auch, und das in diesen Abschnitten allein, mit dem Titel „der Thirsatha" bezeichnet (7. ₆₆, ₇₀, 8. ₉, 10. ₂), was der Redaktor, wenn er aus Nehemias Schrift die erste in die dritte Person umsetzt, nicht thut. Wir lassen noch unentschieden, aus welcher Schrift diese Stücke genommen sind und leiten aus dem Inhalt und dem Gebrauche des Namens „der Thirsatha", den sie gemeinsam haben, allein ab, dass sie einer und derselben Quelle entnommen sind.

C. Die übrigen Stücke des Nehemia.

Von diesen erheischt zuerst 11. ₃₋₃₆, das teilweise auch I. Chron. 9. ₁₋₁₇ vorkommt, unsere Aufmerksamkeit. Wir haben hier eine Liste, die die Namen enthalten will von „den Häuptern der medina, die zu Jerusalem und in den Städten Judas wohnten." Wo gehört diese Liste hin? Bevor wir diese Frage beantworten können, dürfte es nützlich sein, den Charakter der Bearbeitung, der sie an beiden Stellen, in denen sie vorkommt, vom Chronisten unterzogen worden ist, etwas zu beleuchten.[1]) In der ersten Stelle hat der Redaktor offenbar darnach gestrebt, die Sänger, Thürhüter und andere Tempelbeamte zu Leviten zu machen, was sie in der ursprünglichen Liste nicht waren. Dies geht noch daraus hervor, dass V. 3, 18 f. die Thürhüter und die Nethinim noch neben die Leviten gestellt, nicht unter sie gerechnet werden.[2]) Besonders in V. 15—23 scheint er grosse Änderungen vorgenommen zu haben. In diesen Versen herrscht nämlich eine entsetzliche Unordnung; um nur einiges zu nennen: nachdem mit V. 18 die Liste der Leviten abgeschlossen zu sein scheint, kommt V. 22 f. auf sie zurück; V. 20 steht sicher nicht an seiner Stelle, scheidet unpassend die Thürhüter von den Nethinim und passt viel eher als Überschrift über V. 25 ff. In der ursprünglichen Liste folgte vielleicht auf V. 26 die Mitteilung (V. 22), dass Usi, der Sohn des Bani, des Sohnes Ha-

---

1) S. Smend, Die Listen, S. 7 f.
2) Die Thürhüter werden selbst wieder geteilt V. 19. Im ursprünglichen Stück dürften auch V. 3 und V. 20 Sänger und Thürhüter genannt gewesen sein. Der Redaktor liess sie weg, da sie nach ihm unter den Leviten einbegriffen sind.

sabja, der offenbar nach den Namen dieser Vorfahren (Bani = Bunni)
zu der Levitischen Familie Semaja (V. 15) gehörte, das Haupt der
Leviten war; hierauf wurde ihre Gesamtzahl berichtet (V. 18).
Hierauf werden die Sänger (V. 17), Thürhüter (V. 19) und die
Nethinîm (V. 21) aufgezählt worden sein. War dies die ursprüngliche Ordnung, so lässt sich der gegenwärtige Text erklären. Der
Redaktor hat die Sänger nach vorn geschoben, so dass sie in V. 18
neben den Leviten aufgezählt werden; um nun zu zeigen, dass
auch Thürhüter und Nethinîm, obwohl nicht in demselben Sinne,
wie die Sänger Leviten waren, hat er, nachdem er sie erwähnt,
V. 22 folgen lassen, wodurch auch sie dem Levitenhaupte Usi
unterstellt und also mit in dessen Geschlecht, das der Leviten, aufgenommen wurden. Seine bekannte Vorliebe für die Sänger offen-
bart der Redaktor nun auf eigenartige Weise noch darin, dass er
das Levitenhaupt Usi zu einem Sänger macht, dadurch, dass er
seinen Stammbaum weiter zurückführt auf „den Sohn des Mattanja,
des Sohnes Micha, aus den Söhnen Asaphs, den Sängern." Dass
dies keine willkürliche Annahme ist, geht aus dem folgenden hervor: nach 13.₁₃ waren Sakkur und Mattanja Vorfahren eines Zeitgenossen des Nehemia. Dieser ist vielleicht ein Levit gewesen,
aber dass er ein Sänger war, ist nirgends gesagt. Nun hat der
Redaktor das Haupt der Leviten bei der Einweihung der Mauer,
einen gewissen Sacharia ben Jonathan ben Semaja durch dieselben
zwei Namen, die er umgekehrt auf einander folgen liess und zwischen
die er noch den Namen Michaja setzte, an den Stammvater der
Sänger, Assaph, angeknüpft (12.₃₅). Auf dieselbe Weise nun werden
diese Namen in unserer Liste gebraucht: in V. 17 ist Mattanja eine
Sängerfamilie und heisst er „ben Micha ben Sabdi (Sakkur?) ben
Assaph; während in V. 22 die Geschlechtsliste des Usi verlängert
wird mit ben Mattanja ben Micha, aus den Kindern Assaphs." Es
liegt am Tage, dass uns hier das Werk des Redaktors vorliegt,
der höchst willkürlich, selbst ohne die ursprüngliche Reihenfolge
einzuhalten, zwei historische Namen missbraucht, um in unserer
Liste und in 12.₃₅ ein paar Levitenhäupter der von ihm so hoch
gestellten Sängergilde einzuverleiben. Auch in der Liste der
Priester V. 10—14 hat der Redaktor tiefgreifende Veränderungen
vorgenommen, wie schon aus der Verschiedenheit der Form von
V. 10 f. und V. 12 f. hervorgeht: ursprünglich hat sie drei von den
vier aus Neh. 7.₃₉ bekannten Priestergeschlechtern erwähnt: Jedaja,

Pashur (Malchia) und Immer; da aber der Redaktor das hohepriesterliche Geschlecht vermisste, hat er einen Teil der hohenpriesterlichen Geschlechtslisten, Seraja-Ahitub eingefügt (vergleiche
I Chron. 5. $_{34}$ ff.), so dass Jedaja anstatt als ein selbständiges Geschlecht, mit noch zwei anderen [1] als Angehöriger der hohenpriesterlichen Familie dargestellt wird. Endlich kommt es mir vor,
als ob wir auch den Namen „Israel" in V. 3 und 20 auf die Redaktion zurückführen müssten. Die Liste selbst hat nach V. 4, 7,
25, 31, 36 das Volk nicht als „Israel". sondern als „Juda und
Benjamin" bezeichnet und spricht auch von „den Städten", nicht
„von Israel", sondern „von Juda" V. 3, 20. Wenn wir nun fragen:
wo gehört die ursprüngliche Liste hin? so antworte ich: hinter
Neh. 7. $_5$. Wir sahen früher, dass in V. 5 b eine Veränderung vorgenommen sein muss, dass es nicht möglich ist, dass Nehemia in
diesem Zusammenhange eine Liste von „Zurückgekehrten" gegeben
habe, dass wir da allein eine Liste der früheren Bevölkerung oder
lieber eine frühere Liste der Bevölkerung Jerusalems erwarten
können (s. oben S. 30—32.) Wohl, diese Liste haben wir, meine
ich, hier. In dieser Ansicht werden wir bestärkt durch die Bemerkung, dass in I Chron. 9. $_2$ offenbar noch die Worte versteckt sind,
die in Neh. 7. $_5$ anstatt רבישאר־מ ברעפרה gestanden haben müssen,
nämlich ברעשאר־ה בפעשירה. Setzen wir diese Worte in Neh. 7. $_5$
ein, dann finden wir da, was wir erwarten: „und ich fand das
Geschlechtsregister der früheren Bewohner" und dann kommt unsere Liste in das rechte Licht zu stehen.

Eine Schwierigkeit gegen die hier vorgetragene Meinung könnte
man in der Anzahl der Leviten erblicken. Diese beträgt nach
V. 18 f. nicht weniger als 456, während die Summe der Leviten,
Sänger und Thürhüter nach Neh. 7. $_{43-45}$ nur 360 ist. Man könnte
fragen: wenn die Liste von Neh. 7 die des wiederhergestellten
Israel und die unsere die von Jerusalems früherer Bevölkerung ist,
wie kommt es dann, dass wir in der letzten mehr Leviten aufgezählt finden, als in der ersten? Wir können doch erwarten, dass
die Leviten, deren Loos sich in dem neuen Zustande verbessert
haben dürfte, sich ausnahmslos angeschlossen haben, so dass ihre
Anzahl in der Gemeinde mindestens ebenso gross wie früher in Jeru-

---

[1] Anstatt Jedaja ben Jojarib dürften wir nach I. Chron. 9. $_{10}$ lesen
müssen Jedaja, Jojarib. So kommen sie auch 12. $_6$ neben einander vor.

salem gewesen sein muss. In der That liegt hier eine Schwierigkeit;
doch die Zahlen in unserer Liste sind zu unsicher, als dass wir
daraus etwas ableiten könnten. Dies geht schon aus einer Vergleichung mit I Chron. hervor, wo z. B. die Gesamtziffer der Priester,
die hier 1192 ist, 1760 beträgt, und zum anderen aus der merk-
würdigen Erscheinung, dass, während Neh. 7 weniger Leviten zählt,
als die andere Liste, die Anzahl der Priester umgekehrt hier viel
kleiner ist, als dort. Doch vor allem müssen wir bedenken, dass
der Redaktor darauf ausgeht, nicht nur die Sänger und Thürhüter,
sondern auch die geringeren Tempelbeamten in den Levitenstand
aufzunehmen; die Zahl der Nethinim und der Kinder von Salomos
Knechten, die nach Neh. 7. 60 nicht weniger als 392 war, wird in
unserer Liste nicht besonders erwähnt. Vielleicht hat der Redaktor ihre Anzahl, die sicherlich in der ursprünglichen Liste angegeben war, in die Ziffern von V. 18 f. aufgenommen. Doch wie
dies auch sei: das diesen Ziffern entnommene Argument kann in
keinem Falle schwer wiegen.

Einen Beweis für die Richtigkeit unserer Hypothese finden wir
in Neh. 11. 36. Die Worte „und von den Leviten Abteilungen von
Juda bei Benjamin" sind wohl nicht ganz durchsichtig, setzen aber
jedenfalls voraus, dass die Leviten zum guten Teil noch ausserhalb Jerusalems wohnten. Dies nun war auch noch der Fall zur
Zeit der Einweihung von Jerusalems Mauer (12. 27 f.), doch nicht
mehr zur Zeit von Nehemias Abwesenheit (13. 10). Nehemia muss
also schon zur Zeit seines ersten Aufenthalts zu Jerusalem Massregeln zur Versetzung der Leviten nach der Tempelstadt getroffen
haben; deshalb muss man die Abfassung der Liste in diese Zeit,
wahrscheinlich in die erste Hälfte derselben, verlegen. Keinesfalls
hat sie Beziehung zu der Zeit, in die uns Neh. 7. 6 — 10. 40 versetzt.

Dass die Gegend, in der die V. 25 — 35 genannten Orte liegen,
sich viel weiter erstreckt, als die, welche Neh. 7. 25—38 angegeben
ist, ist bei unserer Ansetzung der Listen vollkommen erklärlich.
Dehnt sich die erste südwärts aus bis Berseba, die andere nur bis
Bethlehem, so beweist dies nur, dass bei der Bildung der Gemeinde
die Juden aus den weiter abgelegenen Orten sich nicht sogleich
angeschlossen haben; eine Liste der jüdischen Bevölkerung um-
fasste natürlich ein weiteres Gebiet als eine der israelitischen Gemeinde. Dass einzelne in Neh. 7 angeführte Orte in der anderen

Liste vermisst werden, ist zweifelsohne Folge davon, dass die
letzte uns sehr unvollständig erhalten geblieben ist.[1])

Alles zusammen genommen, halte ich es für wahrscheinlich,
dass Neh. 11.$_{3-36}$ ursprünglich unmittelbar auf 7.$_5$ gefolgt ist. —
Mit Smend[2]) bin ich überzeugt, dass Neh. 12.$_1$ $_{26}$ ein über-
arbeitetes Stück ist und in seiner gegenwärtigen Form vom Chronisten abstammt. Um die ursprüngliche Liste wieder aufzufinden,
richten wir unser Augenmerk auf V. 22—26. Der erste dieser Verse
lautet: „Die Leviten, in der Zeit des Eljasib, Jojada, Johanan und
Jaddua sind sie als Familienhäupter aufgeschrieben, und die Priester
unter der Regierung des Darius, des Persers." Der Schreiber handelt
also von der Konstituierung der levitischen und priesterlichen Geschlechter: zu den genannten Zeiten sind die Geschlechter gebildet und eingeschrieben unter dem Namen der damals lebenden
oder von früher her bekannten Familienhäupter. Die Bildung der
priesterlichen Geschlechter fand statt vor der der levitischen. Diese
in der Zeit zwischen Eljasib und Jaddua, d. i. zwischen Nehemia
und Alexander dem Grossen, jene in der Zeit des Darius, des
Persers, unter dem meines Erachtens allein Darius Hystaspis verstanden sein kann. Hiermit stimmt V. 26 überein. Dieser Vers
ist die Unterschrift des Ganzen und blickt offenbar auf zwei Reihen
von Namen zurück: die eine führt er zurück auf die Zeit von
Jojakim ben Jesua ben Josadak, die andere auf die des Nehemia
und Esra. Da die Zeit von Jesuas Sohne Jojakim in die Regierungszeit des Darius fallen muss und die des Nehemia und Esra
sich deckt mit der Zeit des Eljasib, Jojada, Johanan,[3]) so müssen
wir diesen Vers also auffassen: die genannten Familienhäupter der
Priester sind aus der Zeit des Jojakim und Darius, die Levitenhäupter aus der von Eljasib-Johanan und Nehemia-Esra. In der
That gehören nun die V. 23b, 24a aufgezählten Levitenhäupter
zu Nehemias und Esras Zeit. Hasabja und Serebja sind Leute von
Esras Gola (Esra 8.$_{18}$ f.). Jesua und Binnui[4]) sind (Esra 8.$_{33}$) die

1) S. Smend a. a. O. S. 8f., 23f.

2) A. a. O. S. 10. Vergl. Stade, Gesch. d. Volkes Israel, II. S. 163.

3) Aus V. 23 geht hervor, dass der Schreiber die Zeit der Bildung
der Levitengeschlechter eigentlich nicht bei Jaddua, sondern bei Johanan
schliesst. Mit Bertheau-Ryssel (a. a. O. S. 31 f.) verbinde ich die Worte
עֵת‎ וְ‎ nicht mit dem Vorhergehenden, sondern mit dem Folgenden.

4) So lese ich mit Smend und Ryle; der hebr. Text hat Jesua ben
Kadmiël. Vergl. V. 8.

Väter zweier Leviten aus Esras Zeit, von denen der erste, mit
Namen Kadmiel, schon bei der Bildung der Gemeinde, aber noch
nicht 11.$_{15}$ f. als Geschlecht anerkannt wurde. Zur ursprünglichen
Liste können V. 24 b und die ersten drei Namen von V. 25 nicht
gehört haben; denn hier bezeichnen die Namen nicht, wie im unmittelbar Vorausgehenden Geschlechtshäupter, sondern Geschlechter,
die aus einzelnen Abteilungen bestehen. Sie sind vom Überarbeiter:
in V. 24 b verrät ihn seine Sprache, und die drei Sängerfamilien:
Mattanja, Bakbukja und Obadja (Ubda) sind auch noch an einem
anderen Orte (12.$_{17}$) von ihm eingeschoben. Das ursprüngliche
Stück nun muss, mit Ausnahme der Levitenhäupter zur Zeit des
Nehemia-Esra, Geschlechtshäupter der Priester z. Z. des Jojakim-
Darius erwähnt haben; wir finden sie V. 12 — 21; doch welche von
den da vorkommenden Namen es enthalten hat, ist natürlich nicht
zu entscheiden. Der Schreiber der Liste muss zur Zeit Alexanders
des Grossen gelebt haben, da er dessen Zeitgenossen, den Hohenpriester Jaddua nennt.

Die Absicht des Redaktors erkennt man aus einer Vergleichung
von V. 24 mit V. 8. Er macht die Levitenhäupter aus der Zeit
von Nehemia-Esra zu Zeitgenossen des Serubabel und Jesua, ja
zu mit denselben Zurückgekehrten. Ebenso hat er die Bildung der
Priestergeschlechter, die nach der alten Liste zur Zeit des Jojakim-
Darius stattfand, antedatiert; V. 1 — 7 ist offenbar ganz von seiner
Hand. Wie er dabei zu Werke gegangen ist, wissen wir nicht,
ob er die Priesterhäupter, die nach der alten Liste Zeitgenossen
Jojakims waren, als solche beibehalten und die Namen der Geschlechter, zu denen sie gehörten, hinzugefügt hat, oder ob er die
Namen der alten Liste als Geschlechtsnamen gebraucht hat, so dass
die Namen der Geschlechtshäupter in V. 12 — 21 von ihm sind, ist
nicht zu entscheiden. Ebensowenig, ob die Zahl der 22 Priesterklassen von ihm in der Liste gefunden, oder ob sie von ihm erst
hineingebracht worden ist. In jedem Falle stammt V. 10 vom Redaktor: er hat die Reihe der Hohenpriester der alten Liste (V. 22)
nach vorn erweitert, nicht nur durch Hinzufügung des auch da
erwähnten Jojakim, sondern zugleich dadurch, dass er Jesua darin
aufnahm.

Ist diese Quellenscheidung richtig, so wird das Resultat auch
für unsere Untersuchung von Gewinn sein. Dann haben wir hier
eine Notiz aus der Zeit Alexanders gefunden, offenbar zur Er-

gänzung von Neh. 11.₃₋₃₆ geschrieben, genauer, um eine vollstän-
digere Liste der Priester- und Levitengeschlechter zu geben. Diese
Notiz nun lehrt uns 1. dass man am Ende des vierten Jahrhunderts
das Entstehen der Priestergeschlechter noch nicht von Cyrus, sondern von Darius Zeit datierte, mit anderen Worten, nicht die Rückkehr Israels unter Cyrus, sondern die Vollendung des Tempelbaues
unter Darius ist der terminus a quo. 2. Man betrachtete zu der
Zeit Neh. 7.₆₋₇₃ₐ noch nicht als eine Liste von solchen, die z. Z.
des Cyrus zurückgekehrt waren. Denn, wenn der Schreiber zu
erkennen giebt, dass die Levitengeschlechter Jesua und Kadmiel
erst gebildet und eingeschrieben sind in der Zeit zwischen Eljasib
und Johanan, dann kann 7.₄₃ nicht von der Zeit des Cyrus gelten.
3. Man hielt damals die Reihenfolge Nehemia-Esra,[1]) nicht Esra-
Nehemia für die wahre (12.₂₆.)

Es bleiben noch einige kleine Stücke in Nehemia, denen wir
ihre Stelle anweisen müssen. Wir handeln zuerst über Neh. 13.₁₋₃.
Hier lesen wir von einer Volksversammlung, in der aus dem Gesetze vorgelesen wird, und da man auf Grund des Gesetzes „all'
das Volk von gemischtem Blute" von Israel absondert. Unter diesem
Volke (ערב) sind nach Exod. 12.₃₈ Menschen zu verstehen von
allerlei Völkern, die sich mit den Israeliten verbunden hatten, und
wahrscheinlich an ihrem Gottesdienste teilnahmen. Die Absonderung dieser von Israel bedeutet die Konstituierung der israelitischen
Gemeinde, den Ausschluss aller Fremden von Israels Opfer- und
Tempeldienste. Es ist die Kehrseite von dem, was Neh. 9.₂ heisst:
die Absonderung des Samen Israels von allen Fremden. Da das
Gesetz, auf Grund dessen man handelt, nicht das priesterliche Gesetzbuch, sondern das Deuteronomium ist,[2]) passt diese Mitteilung
vortrefflich in die Erzählung von der „Bildung der Gemeinde"
(Neh. 9, 10), die, wie wir sahen, der Einführung des priesterlichen
Gesetzbuches voraufgegangen ist. Sie hat wahrscheinlich zu dem Anfang dieser Erzählung gehört,[3]) die, wie wir oben sahen, vom Redak-

---

1) Diese Reihenfolge finden wir vielleicht auch Neh. 7.₇: Nehemia-
Azarja.

2) Das, was hier vorgelesen wird, ist Deut. 33.₂₋₅. S. Bertheau-
Ryssel, a. a. O. S. 345f., Oettli, a. a. O. S. 206, Ryle, L. c. p. 307f.

3) Die Kahal als religiöse Gemeinschaft ist also nicht nur vorbereitet
durch die Kahal Jahwes, im Sinne des deuteron. Gesetzes, sondern auch
nach deren Vorbilde gestaltet.

tor grossenteils weggelassen und durch etwas Anderes ersetzt worden ist. Mit dem Charakter, den er dieser Erzählung geben wollte, stimmten diese Worte schlecht überein; da er aber, was hier erzählt wird, für eine gute Einleitung zu 13. ₄—₉ erachtete, hat er es nicht weggelassen, sondern nur an eine andere Stelle gesetzt.

Neh. 11. ₁ f. berichtet eine Massregel Nehemias zur Vermehrung von Jerusalems Bevölkerung, die er nach 7. ₄ f. nicht lange nach der Wiederherstellung der Mauer getroffen haben muss. Die Worte handeln nicht von der Ansiedelung soeben Angekommener, sondern von einer teilweisen Versetzung einer schon angesessenen Bevölkerung. Denn das übrige Volk wirft das Loos, „um je einen von je zehn nach Jerusalem, der heiligen Stadt zu bringen (אבריה).‟ Von Israel ist hier keine Rede, sondern von dem „Volke‟; auch darum gehört das kleine Stück nicht dahin, wo es jetzt steht, nach der Bildung der Gemeinde (8—10), sondern davor.

Neh. 12. ₄₄—₄₇ ist in seiner gegenwärtigen Gestalt vom Chronisten. Dies ist besonders aus V. 45 f. ersichtlich, nach welchen Versen David und Salomo die Verpflichtungen des Tempelpersonals geregelt hatten. Das Stück hat die Tendenz die Pflichttreue der Tempeldiener und die Opferwilligkeit Israels in der Zeit Serubabels und Nehemias in das rechte Licht zu stellen zum Vorbilde für des Schreibers Zeitgenossen. Doch V. 44 ist, wenigstens grossenteils, einer älteren Urkunde, wahrscheinlich Nehemias Memoiren entnommen. Es wird da berichtet, dass Männer angestellt wurden zur Beaufsichtigung der Kammern, in denen die Gaben für Priester und Leviten untergebracht wurden. Diese Massregel ist vor Nehemias Abreise getroffen: denn 13. ₁₀—₁₃ setzt den hier geregelten Zustand voraus; denn da werden die früher angestellten Aufsichtsbeamten durch ehrlichere Leute ersetzt. A fortiori ist dieser Vers vor dem 10. ₃₉ berichteten Beschlusse anzusetzen; denn dieser schliesst in sich, dass der Zehnt für die Leviten nicht mehr in das Tempelmagazin kommen soll, was hier noch der Fall zu sein scheint. In Nehemias Memoiren kann dies nach seinem Berichte über das was er zur Festigung Jerusalems gethan habe erzählt gewesen sein. Ohne Zweifel ist darin noch mehr erzählt gewesen von den Massregeln über den Tempeldienst; dies hat der Chronist, als im Widerstreit mit seiner Vorstellung von dieser Zeit stehend, weggelassen. Hierzu wird u. a. gehört haben die Regelung des Einkommens der Leviten, wobei ihnen $^9/_{10}$ des Zehnten zuerkannt wurden, eine Regelung, die, wie wir aus 13. $_{10}$ ff. wissen, im Anfange auf solch' einen heftigen Widerstand stiess, dass immer neue Massregeln nötig waren, um ihr Anerkennung zu verschaffen.

§ 2. Die Ankunft und die Wirksamkeit Esras.

Im vorigen Paragraph sahen wir, dass die Bestandteile von Neh. 7. $_6$ — 13. $_{31}$ in ihrer ursprünglichen Gestalt, folgendermassen geordnet werden müssen: 11. $_{3-36}$ (ergänzt durch 12. $_{1-26}$), 11. $_1$ f., 12. $_{44-47}$, 13. $_{4-31}$, 9., 10 (mit 13. $_{1-13}$), 7. $_6$ — 8. $_{18}$. Welche Stelle 12. $_{27-43}$ gebührt, bleibt ungewiss, aber jedenfalls ging die Ein-weihung der Mauer, die hier berichtet wird, dem in 13. $_{4-31}$ Er-zählten voraus. Es fragt sich nun, wie wir die Ankunft des Esra zu Jerusalem, die, wie wir früher sahen, nach dem Bau der Mauern durch Nehemia (Neh. 1. $_1$ — 7. $_5$) erfolgte, und seine Wirksamkeit da-selbst mit den hier erzählten Ereignissen in Verbindung bringen müssen. Der Beantwortung dieser Frage müssen aber einige Be-merkungen über diejenigen Kapitel des Esra vorausgehen (7 — 10), in denen die Erzählung darüber enthalten ist.

A. Charakter und Tendenz von Esra 7—10.

Die ersten beiden dieser Kapitel erzählen uns Esras Zug aus Babel nach Jerusalem und seine Ankunft in der Tempelstadt. Zum grossen Teil haben wir hier einen Bericht von Esra selbst, wie es scheint, wörtlich seinen Memoiren entnommen (7. $_{27}$ — 8. $_{34}$) und also glaubwürdig. Dies kann nicht von dem gesagt werden, was unmittelbar vorausgeht, 7. $_{1-26}$: die Geschlechtsliste Esras ist vom Chronisten fingiert, um Esra von den vorexilischen Hohenpriestern abstammen zu lassen. Das Empfehlungsschreiben des Arthasastha ist so jüdisch gefärbt, dass Esra es nicht mitgeteilt haben kann; V. 7 — 10 enthalten einen Abriss der Reisebeschreibung, wobei nur nicht einzusehen ist, weshalb Esra selbst ihn der ausführlichen Be-schreibung habe sollen vorausgehen lassen, und der sich allein als das Werk des Redaktors erklären lässt.[1]) Auch in V. 35 f. tritt dieser als Erzähler auf und folgt seiner Urkunde nicht. Es ist da-

1) HKO² I bl. 494 vv. und Chronologie bl. 44 (316).

her die Vermutung berechtigt, dass das, was in seiner Quelle hier
berichtet wurde, nicht mit seiner Ansicht übereinstimmte und
darum weggelassen oder verändert ist.
Mit c 9 beginnt die Erzählung von Esras Wirksamkeit zu Jerusalem, und kehrt der Redaktor zu den Memoiren zurück. Gleich-
wohl können auch die ersten zwei Worte אֵלַי כְּכַלּוֹת, die zum
Sprachgebrauche des Chronisten gehören (II Chron. 29. ₂₉, 31. ₁),
vom Redaktor sein. In diesem Falle ist die Verknüpfung von c 8
und 9 vielleicht nicht ursprünglich und entsteht die Möglichkeit,
dass in Esras Memoiren die eine Erzählung nicht unmittelbar auf
die andere folgte, und Esra selbst von seinen ersten Erlebnissen
zu Jerusalem noch etwas mehr erzählt hat. Doch wie dem auch
sei: die Sache, die uns in Esra 9 und 10 mitgeteilt wird, stand in
Esras Schrift: c 9, ein Ich-Stück Esras, ist fast wörtlich daraus entnommen. Wenn nun aber in c 10, an Stelle der ersten die dritte
Person tritt, so haben wir allen Grund zu der Vermutung, dass
von hier ab der Redaktor seinen Urkunden wieder nicht treu gefolgt ist, sondern sie umgearbeitet hat. Davon trägt denn auch
dies Kapitel deutliche Spuren an sich: es ist etwas Unordentliches,
Verworrenes darin, etwas, das uns nach der eigentlichen Tendenz
der Erzählung fragen lässt. Die ersten zwei Verse von c 9 lassen
vermuten, dass die Juden, von denen Esra hört, dass sie mit fremden Frauen verheiratet seien, schon lange in Palästina wohnten;
aber nun wird 9. ₂, 10. ₆, ₈ gesprochen von „dem Vergehen der
Gola". Dass Esras Gola nicht gemeint ist, ist selbstverständlich:
Sie war kaum in Palästina angekommen. Daher hat der Schreiber
damit andeuten wollen die bei Esras Kommen in Palästina wohnende
Gemeinde, die nach ihrem Kerne, den unter Cyrus Zurückgekehrten, im Ganzen die Gola hiess.¹) Doch abgesehen davon, dass
diese Rückkehr unter Cyrus höchst problematisch ist, so erhebt
sich gegen diese Vorstellung aus unserer Erzählung selbst Widerspruch. Aus 9. ₂ geht nämlich hervor, dass eine Absonderung von
den Heiden nicht stattgefunden hat, und also keine Gemeinde in
dem Sinne gebildet ist, dass palästinensische Juden und zurückgekehrte Verbannte sich gegenüber der heidnischen Bevölkerung an

---

1) So auch Bertheau „die schon vor Esra aus Babylonien heim-
gekehrte Exulantenschar" und Ryle „the collective abstract name for
those who had shared the captivity.

einander angeschlossen haben. Dazu wird 10. $_{16}$ der benê haggola
wieder in einem anderen Sinne gedacht. Hier sind sie eine Vereinigung von Israeliten, zu denen die Schuldigen nicht gehören, und
die, als über den letzteren stehend, über sie das Urteil fällt. Darum
halte ich die Vorstellung, nach der bei Esras Kommen sich eine
Gola in Kanaan befand, die sich mit Fremden vermischt hatte, nicht
für einen Bestandteil der ursprünglichen Erzählung. Die ältere
Vorstellung tritt hie und da noch deutlich zu Tage. Das Volk,
unter dem auch die Schuldigen verborgen sind, heisst 10. $_9$ „alle
Männer von Juda und Benjamin"; die Aufforderung zur Versammlung wird gerichtet an Juda und Jerusalem (10. $_7$); die Aufgefor-
derten stehen nicht unter Vorstehern der Gemeinde, sondern unter
weltlichen Häuptern: Fürsten und Richter haben die Macht, sie zu
zwingen, zur Versammlung zu erscheinen (10. $_8$); in ihren Wohnorten haben sie Älteste und Richter über sich (10. $_{14}$). Von diesem
in Kanaan lebenden jüdischen Volke, das von den Fremden nicht
abgesondert ist, wird nun in unserer Erzählung hie und da nicht
undeutlich unterschieden eine Kahal, die aus der zurückgekehrten
Gola besteht und in besonderem Sinne „Israel" heisst. Die Leute,
die mit Esra weinen (10. $_1$), sind eine sehr grosse Kahal aus Is-
raël. Die „wir", in deren Namen Sechanja spricht und deren
Unterstützung er dem Esra verspricht, sind offenbar ein Klasse
von Israeliten, zu denen die Schuldigen nicht gehören (V. 2—4),
die Gola. Erklärt diese Gola durch den Mund des Sechanja „wir
haben uns an Gott versündigt, dadurch, dass wir fremde Frauen
geheiratet haben," so bekennt sie damit nur, dass die Schuld der
palästinensischen Juden auch auf ihr ruhe, ebenso wie Esra selbst
in seinem Gebete 9. $_{6-15}$ die Schuld des Volkes auch als seine
Schuld anerkennt. Die Priesterfürsten, die Leviten und ganz Israel, welche schwören, dass sie nach Sechanjas Wort handeln
würden (10. $_5$), d. i. Esra helfen würden, auf dass darnach gehandelt
werde, sind nicht alle Juden, und doch, wie deutlich aus dem Ausdrucke ganz Israel hervorgeht, alle einer bestimmten Klasse angehörigen Leute die wirklichen Israeliten, die Gola, diejenigen, die nach
9. $_4$, 10. $_3$ „die Worte des Gottes Israels fürchteten." Die „ganze Kahal", die nach 10. $_{12}$ Esras Worten zujubelt, und deren Fürsten die zur
Untersuchung der Schuldigen bestellten Leute bilden sollen, ist ebensowenig wie die „benê haggola," die nach 10. $_{16}$ beschliessen, das
Ärgernis zu beseitigen, das ganze jüdische Volk, sondern die mit

Esra zurückgekehrte Gola, die sich für Israel ansieht und darum
die Kahal heisst. Finden wir demnach thatsächlich diese Unter-
scheidung von „Volk" und „Kahal," von „Juda und Benjamin" einer-
seits und „Israel" andererseits, in unserer Erzählung, so sind diejenigen Stellen, in der das ganze jüdische Volk in Palästina Gola
oder Israel genannt wird, nicht von dem ursprünglichen Schreiber.
Deshalb sind die Ausdrücke „wegen des Vergehens der Gola"
in 9. ₄, 10. ₆; ferner 10. ₈b und der Name „Israel" 9. ₂, 10. ₂₅ Werk
des Redaktors.¹) Weshalb der Chronist die Veränderungen an-
brachte, ist klar: er fürchtete, und mit Recht, dass die Erzählung
des Esra den Eindruck machen würde, als wären vor dessen Kommen keine Verbannten nach Kanaan zurückgekehrt; dem wollte er
vorbeugen, aber er hat es nicht thun können, ohne die wunder-
liche Vorstellung wach zu rufen, dass das jüdische Volk ungeachtet
der Rückkehr der Gola, der Absonderung von den Heiden und
der Bildung der Gemeinde unter Cyrus (Esra 6. ₂₄) bei Esras Ankunft in den früheren Zustand zurückgesunken war, so dass eigentlich die Wiederherstellung Israels wieder von vorn beginnen musste.
Dass die Erzählung überarbeitet ist, geht auch aus der un-

1) Es verdient Beachtung, dass in I Esdr. 8. ₆₅—9. ₃₆, wo unsere Kapitel vorkommen, der Ausdruck Gola einige Male vermieden ist: anstatt
הַגּוֹלָה בְּנֵי עַל lesen wir da (8. ₆₉) ἐπ᾽ οῦ πευθῦνοντος ἐπὶ τῇ ἀνομίᾳ,
offenbar Übersetzung von הַגּוֹלָה עַל נֶאֱמְרוּ אֲשֶׁר (vergl. Esra 10. ₆). So ist
I Esdr. 9. ₂ derselbe Ausdruck ersetzt durch ὑπὲρ τῶν ἀνομιῶν τῶν
μεγάλων τοῦ πλήθους. Dagegen ist כֹּל לְכֹל הַגּוֹלָה von Esra 10. ₇ übersetzt
durch πᾶσι τοῖς ἐκ τῆς αἰχμαλωσίας ebenso wie Esra 10. ₈, ₁₆ (I Esdr.
9. ₁₃). Der Schreiber von I Esdras hat aber keinen anderen Text, als den
unseren vor sich gehabt, sondern hat diesen offenbar absichtlich geändert.
An der ersten Stelle hat er die Lesart nach Esra 10. ₆ verändert; wenn
wir seine Übersetzung ins Hebräische übertragen, erhalten wir keinen
guten Sinn, da wir dann zwei Zustandssätze haben, die beide mit אֲשֶׁר
beginnen; diese Unebenheit ist in der Griech. Vers. vermieden, dadurch,
dass der erste durch das participium, der zweite durch den Aorist (ἐκαθήμην)
wiedergegeben wird. In der zweiten Stelle ist die Ersetzung von Gola
durch μεγάλου τοῦ πλήθους sicher nicht gut zu beurteilen. Der Grieche
dachte an Esra 9. ₂, wo aber allein gesagt wird, dass Fürsten und Regenten im Vergehen vorangegangen sind. Dieser Übersetzer hat offenbar
die Vorstellung beseitigen wollen, als sei die Gola die schuldige gewesen. Anstatt וְיִשְׂרָאֵל הָעָם in Esra 9. ₁ liest I Esdr. 8. ₆₀ οἱ ἄρχοντες.

deutlichen Vorstellung vom Resultate von Esras Bemühungen hervor.
Die Undeutlichkeit ist so gross, dass, während der eine meint, dass
Esras Massregeln vollkommen gelungen heissen können, der andere
von Misserfolg spricht.[1]) Schon daraus können wir entnehmen, dass
Esras Bericht nicht unversehrt auf uns gekommen ist. Es fragt sich nun
aber, ob wir aus der Erzählung, wie sie uns vorliegt, noch heraus-
finden können, wie sich die Sache zugetragen hat. Meines Erachtens hat Kuenen Recht, wenn er gegen van Hoonacker die
Ansicht verteidigt, dass Esras Versuch missglückt ist. Aus dem,
was uns 10. ₉₋₁₆ von der aus Anlass der Mischehen zusammen-
gerufenen Versammlung berichtet wird, geht schon hervor, dass
sich gegen die von Esra vorgeschlagenen Massregeln Widerspruch
erhob. Vielleicht geht Stade zu weit, wenn er in der Ernennung
einer Kommission zur Untersuchung der einzelnen Fälle einen Beweis dafür sieht, dass man die Angelegenheit auf die lange Bank
schieben wollte; man kann behaupten, dass diese Massregel nötig
war und selbst zur Beschleunigung führen musste; doch ist die
Versammlung offenbar nicht vom rechten Ernste beseelt: sie verlangt nach Haus, klagt über den Regen. Eine Versammlung, die
von Eifer für die grosse Sache, um derentwillen sie zusammengerufen war, glühte, würde dem Regen getrotzt und ihn nicht als
einen Grund angesehen haben, sich von der Zusammenkunft loszu-
machen. Doch die Versammlung murrt nicht nur, sondern sie wider-
setzt sich auch. Dies lese ich aus dem 15. Verse des 10. Kap. heraus,
der also übersetzt werden muss: „Doch Jonathan ben Asahel und
Jahseja ben Thikwa erhoben dagegen Widerspruch, wobei sie von
Mesullam und dem Leviten Sabthai unterstützt wurden." So übersetzt, ausser Bertheau-Ryssel, auch Ryle, dessen ausführliche
und gründliche Besprechung dieser Stelle Anerkennung verdient,
wie auch Stade, der aber meint, dass die Sache, gegen die man
Widerspruch erhob, nicht die Massregel des Esra, sondern der An-
trag auf Vertagung war. Prof. Kuenen schlägt vor, eine kleine
Veränderung mit dem Texte vorzunehmen und zu lesen עֶזְרָה־
לְֿאֵֿאֹת und עָֽמְדֻים, so dass der Vers, an V. 12 – 14 angeschlossen,
noch Worte der Kahal enthielte und übersetzt werden müsste:

---

1) Die erste Ansicht ist die van Hoonackers NE.² p. 20 suiv, die
anderen die Kuenen's Chronologie bl. 45 v. (317 v.), Stade's G. d. V. J.
II S. 651 ff.

„Doch sollen . . . . . hierüber stehn." Hiergegen ist aber von van
Hoonacker, meines Erachtens mit Recht, angeführt, dass das
Volk sich selbst dann würde widersprochen haben, da es eben gesagt hat, es wünsche, dass die Häupter der Kahal die Kommission
bildeten, und in V. 16 in der That Esra und die Familienhäupter
hineingewählt werden. Auch hierin hat van Hoonacker Recht,
dass die Erklärung, die V. 15 einen Widerspruch gegen Esras
Massregel findet, nicht in Harmonie steht mit dem, was er l'enchaine-
ment du récit nennt, genauer, mit dem was in V. 16 folgt. Denn
hier steht nicht: Nichtsdestoweniger thaten die bené haggola also,
sondern: und (mithin) die bené haggola thaten also: der Zusammenhang zwischen V. 15 und 16 ist also nicht in Ordnung. Was
folgt hieraus? Nicht dass in V. 15 gar nicht von Widerspruch
die Rede sein kann, und also dieser Vers anders übersetzt oder
anders gelesen werden muss, sondern dass hier die ursprüngliche
Erzählung vom Redaktor gekürzt ist. Dies hat Ryle [1]) sehr richtig
gesehen; er sagt: der Bericht über den Widerspruch steht hier
sehr merkwürdig zwischen der Erklärung der Gemeinde V. 12 — 14
und dem Beschlusse der Gola, V. 16: „but this objection applies
to the verse (15) as a whole rather than to the special interpretation
of it, and, as a matter of fact, the abruptness of the insertion is due
to the Compiler's work." In der That ertappen wir hier den Redaktor bei der Kürzung des Originals; dies hat sicher ausführlicher
über den Widerspruch gehandelt, ist jedoch gekürzt, da der Redaktor das, was der Ehre seines Helden hätte schaden können,
lieber verschwieg. Der Hergang der Sache war dann folgender:
Die Männer von Juda und Benjamin sind von ihren Fürsten und
Ältesten zur Versammlung nach Jerusalem gerufen. Dass sie bei
weitem nicht alle willig kamen, ist aus den auf das Nichterscheinen
gesetzten Strafen ersichtlich (10. 8 f.). In der Versammlung nun
ist, ausser diesen, anwesend die Kahal, die Gola, offenbar die mit
Esra zurückgekehrte; diese stimmt mit Esra überein und unterstützt ihn; doch „das ganze Volk" (V. 9) zittert um der Sache und
des Regens willen; es ist nicht viel mit demselben anzufangen.
Esras Gefährten, „die ganze Kahal," das einsehend, kommen mit
dem Vorschlage, eine Untersuchungskommission zu ernennen, in der

1) L. c. p. 136 f.

ihre Häupter sitzen sollten. Dagegen macht sich Widerspruch geltend, wahrscheinlich von seiten derer, die nicht zur Gola gehörten (der Levit Sabthai wenigstens war schon vor Esras Ankunft in Jerusalem Neh. 11. ₁₆); [1] dieser Widerspruch kann sich ebensowohl wider die Zusammensetzung der Kommission als wider die Sache selbst gerichtet haben. Aber die benê haggola setzen den Beschluss durch; die Kommission wird ernannt und geht ans Werk. Dies ist, dünkt mich die Vorstellung, die wir uns auf Grund von 10. ₉₋₁₆ von dieser Versammlung bilden müssen. Wenn sie richtig ist, dürfen wir dann ein glänzendes Resulat von dieser Massregel erwarten? Man bedenke dabei, dass die ganze Sache von einer Minderheit ausging, wie ich meine, von der mit Esra zurückgekehrten Gola, und dass diese, wie gross ihr moralischer Einfluss auch sein mochte, keine Mittel hatte, Widerspenstige zu zwingen. Fürsten und Ältesten hatten wohl das Volk auf Esras Ansuchen nach Jerusalem zusammengerufen, aber es war doch fraglich, ob sie, nun die Versammlung so abgelaufen war, ihm ihre Unterstützung auch gewähren würden, zur Ausführung dessen, was er und die Seinen beabsichtigte. Doch hören wir, was unsere Erzählung von dem Resultate von Esras Bemühungen berichtet. Dies ist dürftig genug. Wir vernehmen, dass die Untersuchung der Kommission am ersten des ersten Monats stattgefunden hat, und ferner wird uns eine Liste der Übertreter mitgeteilt, [2] doch dass die schuldig befundenen Juden ihre fremden Frauen weggeschickt haben, muss bezweifelt werden. Wäre dies der Fall gewesen, so würde es sicherlich von Esra ausdrücklich berichtet und vom Bearbeiter nicht verschwiegen worden sein. Wir hören aber allein, dass die Angehörigen der hohenpriesterlichen Familie, die mit fremden Frauen verheiratet waren (10. ₁₉), mit Handschlag gelobten,

---

1) Unter den mit fremden Frauen Verheirateten sind auch einige, von denen wir wissen, dass sie vor Esra in Jerusalem waren: Malchia ben Harim (10. ₃₁ vergl. Neh. 3. ₁₁), Josabad (10. ₂₃ vergl. Esra 8. ₃₃); vielleicht können wir mit Smend (a. a. O. S. 14) den Priester Eliezer von V. 18 für identisch mit Eleazar ben Pinchas (Esra 8. ₃₃) halten.

2) Über diese Liste s. Smend, die Listen S. 14. Im allgemeinen glaubwürdig, scheint sie hie und da Veränderungen erlitten zu haben, während sie ausschliesslich Namen von Individuen enthalten sollte, kommen in V. 24 Geschlechtsnamen von Thürhütern vor, die nicht hieher gehören.

diese Frauen wegzuschicken und wegen ihrer Sünde einen Widder als Strafe zahlen müssen. Wenn wir auch — was wir nicht mit voller Überzeugung thun — van Hoonacker zugeben, dass des Autors Meinung war, dass alle, die in den Listen genannten das Gelübde ablegten, so können wir ihm unmöglich beipflichten, dass die Worte (V. 17) „und sie (die Kommission) wurden mit Allem, den Männern, die fremde Frauen geheiratet, fertig" besagen sollten, dass die Fortschickung in der That stattgefunden habe und der Grimm Gottes abgewendet wurde (V. 14). Die Worte bezeichnen nichts Anderes als, dass die Kommission ihre Aufgabe, ihre Untersuchung nach den Schuldigen, zu Ende brachte: bedeuteten sie das, was van Hoonacker darin liest, so würde darnach nicht von Einigen berichtet sein, dass sie gelobten, ihre Frauen wegzuschicken.

Es ist für das rechte Verständnis der Erzählung sehr zu beklagen, dass 10. ₄₄, wenigstens in seiner zweiten Hälfte, uns in einem so elenden Zustande überliefert ist. Die Worte נשים יש ‎‏ וישימו בנים spotten jeder Erklärung. Es ist sicher am bequemsten, mit v. H. die Lesart von I Esdr. 9. ₃₆ καὶ ἀπέλυσαν αὐτὰς σὺν τέκνοις zu übernehmen; aber wie kann aus dem hebräischen Äquivalent dieser Worte unser gegenwärtiger Text entstanden sein? v. H. nimmt als ursprünglichen Text an וישלחם נשים ובנים; doch נשים kommt vom Wegschicken von Frauen nicht vor; anstatt נשים müsste stehen נשיאם, das noch dazu im Griechischen durch ἀπ᾽ αὐτῶν wiedergegeben sein sollte. Viel eher hat Oettli recht, dass die griechischen Worte die Übersetzung sind von וישלחום עם הנשים(בנים). Aber dann ist die Lesart verurteilt. Denn das suff. masc. gen. wäre hier falsch. Es kommt mir vor, als habe der Autor von I Esdras aus den hebräischen Worten, die auch er nicht verstand, etwas machen wollen, wodurch die Massregel seines Helden geglückt schien (vergl. 10. ₃). Wie der Text gelesen werden muss, ist schwer ausfindig zu machen; der Vorschlag von Bertheau-Ryssel וישם נשים נכריות נשים ובנים findet weder im hebräischen Texte noch in I Esdras genügende Unterstützung; vielleicht müssen wir von LXX ausgehen, die allein übersetzte וישם מהנשים und dazwischen einschieben ובנים היו, so dass da gestanden haben würde „und es waren Kinder aus ihnen und diese Frauen"; auch würde in Betracht kommen können: וישם להם נשים עם בנים, woraus sich die Lesart von I Esdras וישלחום würde

erklären lassen. Doch, wie auch die Worte gelautet haben: in jedem
Falle halte ich es für sicher, dass der Redaktor hier die ursprüng-
liche Erzählung mitten in einem Satze abgebrochen hat. Die ersten
Worte von V. 44 enthalten nämlich die Unterschrift der Liste, deren
Überschrift, nach Ryles richtiger Bemerkung[1]) wahrscheinlich in
V. 17 verborgen_ ist. Eine Unterschrift pflegt nicht etwas Neues
zu berichten; darum sind die Worte in der zweiten Hälfte des
Verses vielleicht der Anfang der Fortsetzung der Erzählung, die
der Redaktor weggelassen hat, sicher weil sie etwas von diesen
Frauen und ihren Kindern erzählte, woraus der Misserfolg von
Esras Massregel hervorging. Doch wie dies auch sei, die Erzählung berichtet nichts vom Gelingen von Esras Massregeln betreffs
der fremden Frauen; da dies nicht dem Redaktor zugeschrieben
werden kann, die Erzählung in mehr als einer Hinsicht auf einen
Misserfolg hinweist und zugleich die deutlichen Spuren einer Überarbeitung aufweist, so haben wir dafür zu halten, dass der ursprüngliche Bericht besagte, dass Esras Versuch zur Reformierung
an der Liebe der Übertreter zu ihren Frauen und Kindern ge-
scheitert ist.

B. Das Verhältnis von Esra 7-10 zu Neh. 7.₆—13.₃₁.

Wir suchen jetzt die Frage zu beantworten, welche Stelle den
in Esra 7 — 10 erzählten Ereignissen in der Geschichte angewiesen
werden muss. Wir haben gesehen, dass sie auf den Bau der
Mauern durch Nehemia gefolgt sind und die Reihenfolge festgestellt, in der die Bestandteile von Nehemia 7. ₆ — 13. ₃₁ der Zeit
nach geordnet werden müssen. In welcher Beziehung steht nun
die Ankunft von Esras Gola zu den in der zweiten Hälfte des
Nehemia berichteten Ereignissen? Wir lassen die Zeitbestimmung
Esra 7. ₇ f. vorläufig ausser Betracht; denn es ist gerade die Frage,
ob hier, nach der gewohnten Vorstellung an Artaxerxes I Longimanus, oder mit van Hoonacker an Artaxerxes II Mnemon gedacht werden muss. Doch auch deshalb können wir nicht von
dieser Zeitbestimmung ausgehen, da wir sie ausschliesslich im Werke
des Redaktors, nicht in dem was uns von Esra selbst bewahrt

1) L. c. p. 139: „there is some ground for the conjecture that the
words „the men that had married strange wives" found their way into
the text from a heading cet.

geblieben ist, finden. Unabhängig von ihr müssen wir erst die Stelle bestimmen, wohin Esra 7—10, neben Neh. 7.₆—13.₃₁ gehalten, gehört!

Wir fragen zuerst: fällt Esras Ankunft zu Jerusalem vor oder nach der Einführung des Gesetzes (Neh. 8)? Diese Frage scheint einfältig, da ja das Gesetz von Esra vorgelesen ist, und er also vor dieser Zeit nach Jerusalem gekommen sein muss. Trotzdem müssen wir diese Frage stellen. Denn van Hoonacker nimmt in der That an, dass Esra 7—10 auf ganz Nehemia, also auch auf Neh. 8 folgen muss. Nach diesem Gelehrten hat Esra, schon bevor er die Verbannten aus Babel zurückführte, in Jerusalem verweilt, sei es, dass er da geboren, oder mit einer früheren Expedition dahin gekommen war. Unter diesen ersten Aufenthalt zu Jerusalem fällt sein Zusammenwirken mit Nehemia (Neh. 8—10); darnach ist er nach Babel gezogen, mit seinem Zuge zurückgekehrt und hat dann die Massregeln wider die Mischehen getroffen, von denen uns Esra 9. 10 erzählt wird.[1]) Diese Hypothese nötigt uns also zur Beantwortung der Frage: Fand die Einführung des Gesetzes vor oder nach der Ankunft von Esras Gola statt? Wir können sie nicht in dem letzt erwähnten Sinne für beantwortet erachten durch die einfache Bemerkung, dass Esra kam mit dem Gesetze seines Gottes in der Hand (7.₁₄ vergl. V. 6, 10); denn es ist meines Erachtens sehr zweifelhaft, ob dies in Esras eigenem Buche gestanden habe. Ich stehe unbedingt auf der Seite Kuenens[2]) gegen van Hoonacker, wenn er behauptet, dass Neh. 8 uns in die Zeit nach der Ankunft von Esras Gola versetze. Kehrt man die Reihenfolge um, dann begreift man nicht, wie Esra, von dem wir noch nichts hörten, hier auf einmal als eine Hauptperson auf die Bühne tritt; er kommt dann, wie Kuenen sagt, als Zeitgenosse und Gefährte Nehemias vom Himmel gefallen. Ist er als Haupt eines bedeutenden Zuges nach Palästina gekommen, dann setzt uns sein Auftreten neben Nehemia nicht in Verwunderung, aber wohl, wenn dies noch nicht stattgefunden hat, und Esra bisher eine ganz unbekannte Persönlichkeit gewesen ist. Hiergegen argumentiert van Hoonacker,[3]) dass die Funktion eines Gesetzesvorlesers ja wohl „une distinction" war, aber doch nicht eine so

---

1) NE.² p. 28 suiv. 50.
2) Chronologie, bl. 36 v.
3) NE.² p. 57.

grosse, dass es Befremdung erregen müsste, dass dem zukünftigen
Reformator schon im Beginn seiner Laufbahn eine solche Auszeichnung zu Teil wurde. Doch war Esra nur Vorleser?
Giebt van Hoonacker die Vorstellung von Neh. 8.₁ gut wieder, wenn
er schreibt: „Esdras vient de lire la loi parce qu'on l'a chargé de
la faire?" Tritt er einfach als ein Beauftragter auf? Nein. Esra
ist da nicht der Diener eines anderen, sei es auch ein Diener, dem
eine Auszeichnung zu Teil wird; er hat das Gesetz, welches das
Volk offenbar noch nicht kennt, aber zu hören verlangt; es hängt
von ihm ab, ob er es bekannt machen will, oder nicht. Sein Auftreten ist das eines Mannes, der Ansehen besitzt: Mit Ehrerbietung
wird von ihm gesagt, dass er sich vor dem ganzen Volke hervor-
thue (V. 8.₅); wenn er das Buch aufschlägt, steht das ganze Volk
auf. In V. 9 wird er unmittelbar nach Nehemia genannt. Das ist
kein Mann „au début de sa carrière"; er steht da nicht als ein
einfacher Vorleser, sondern als ein Führer der Versammlung. Aber
dann ist auch die Folgerung gerechtfertigt, dass er zur Zeit der
Einführung des Gesetzes seinen Zug schon nach Jerusalem gebracht habe.¹)

Die Ereignisse von Esra 7—10 sind nicht nur denen von
Neh. 8, sondern auch denen von Neh. 9, 10 vorausgegangen. Ich
lege nur wenig Gewicht auf das Vorkommen einiger Reisegenossen
Esras (Daniel, Serebja und Hasabja Esra 8.₂, ₁₈ f.) in der Liste
derer, die die Bundesakte unterzeichneten (Nehemia 10.₇, ₁₁); denn
diese Liste kann vom Redaktor mit etlichen Namen erweitert sein.
Von desto grösserer Bedeutung ist die Bemerkung, dass die
Neh. 9.₂, 10.₂₉ f. erzählte Absonderung des Samens Israels von den
Fremden nach Esra 9.₁, 10.₃, ₁₁ noch nicht stattgefunden hat. Wir
entnehmen hieraus, das Esras Ankunft und erste Wirksamkeit
(Esra 7—10) der grossen Versammlung (Neh. 9, 10) voraufgegangen
sind. Dies bestreitet van Hoonacker. Er sucht zu beweisen,
dass die Worte von Judas Fürsten zu Esra (9.₁) „das Volk Israel und die Priester und die Leviten נבדלו לא von den Völkern
der Länder" ein ausdrückliches Verbot der Verschwägerung mit
Fremden voraussetze; dies Verbot nun steht nicht im Gesetze, das
wohl Verschwägerung mit Kanaanitern (Exod. 24.₁₆, Deut. 7.₁ ff.),

---

1) Auch in I Esdras geht Esra 9. 10 (8. ₆₃—9. ₃₆) unmittelbar der Erzählung von der Einführung des Gesetzes (9. ₃₇—₅₅) voraus.

aber nicht mit Fremden im allgemeinen verbietet. Demnach folgert man, muss das in Esra 9.₁ vorausgesetzte Verbot anderswo gesucht werden, und man findet es Neh. 10.₃₁. Deshalb ist Esra 7 – 10 demselben postérieur. Diese Beweisführung ist meines Erachtens nicht stichhaltig. Wohl ist es wahr, dass das Gesetz, streng genommen, nur die Heirat mit der in Esras Zeit nicht mehr bestehenden alten Bevölkerung verbietet, aber die Folgerung lag doch auf der Hand, dass auch der derzeit in Juda und Jerusalem bestehende Zustand dem Gesetze widersprach. Was es ausdrücklich verbot: Verschwägerung mit in Kanaan wohnenden Nicht-Israeliten, hatte nun schon Jahre lang in grossem Massstabe stattgefunden. Was es zuliess betreffs Verbindungen mit ausländischen Frauen — die nach der Lage der Sache Ausnahmen blieben – damit hatte man jetzt nichts zu thun; aber dass das Übel, dem das Gesetz wehren wollte: Verschmelzung Israels mit Fremden, jetzt eine Thatsache geworden und also das Gesetz übertreten war, musste für jeden, der das Gesetz kannte, ersichtlich sein. In der That, mit Recht haben die Fürsten den Zustand des Volkes als im Widerspruch, wenn nicht mit dem Buchstaben, so doch mit dem Geiste des Gesetzes stehend, gedeutet; man darf nicht mit van Hoonacker sprechen von „la prétendue transgression de la loi deutéronomique" und behaupten, dass man sich gegen das Verhalten des Volkes nur berufen könne auf „un texte de loi équivoque." Doch nehmen wir auch mit van Hoonacker an, dass die Sache nicht durch das Gesetz verurteilt wurde, und die Weise, auf die die Fürsten sich ausdrücken, nur eine Redeweise ist „à mettre les faits en rapport avec les prescriptions du droit ancien," so ist noch lange kein Grund vorhanden, anzunehmen, dass das Verbot von Neh. 10.₃₁ durch ihre Worte vorausgesetzt wird. Denn sie sagen nicht, was van Hoonacker sie sagen lässt: „die Absonderung ist nicht zu Stande gekommen (la séparation n'est pas opérée)," was einschliessen würde, dass man dazu einen Beschluss gefasst hatte, sondern ganz im allgemeinen: sie sind nicht abgesondert, sie leben und verschwägern sich mit den Völkern des Landes. Wahrlich, diese Thatsache war beängstigend genug: hätte man es auch nicht als Gesetzesübertretung brandmarken können, so war es doch von der Art, dass es einen echten Israeliten auf's Tiefste erregen musste. Muss man, um Esras Bestürzung zu erklären, als er den Bericht vernahm, notwendig voraussetzen, dass diese Sache

ausdrücklich verboten war? Es ist wahr, was van Hoonacker
sagt, dass in dem Zustande, in dem sich die Juden befanden, Verschwägerung mit Fremden ganz natürlich war; aber wenn er nun
behauptet, dass also auch Esra sich darüber nicht dürfe erregt
haben, wenn es nicht durch eine ausdrückliche Verordnung verboten gewesen wäre, so vergisst er, dass Esra aus Babel kam, wo
die Verbannten abgesondert von ihrer Umgebung lebten, und deshalb einen ganz anderen Massstab anlegte, als die in Juda wohnenden Juden, die seit Jahren an diesen Zustand gewöhnt waren. Ist
es wunderbar, dass er, als er bei seiner Ankunft in Palästina ver-
nimmt, wie da der Zustand ist, sehr erschüttert wird? Nein, die
Sünde, deren sich das Volk schuldig gemacht hat, ist in seinen
Augen nicht „une faute très discutable"; es ist für ihn kein Ge-
setzesartikel, kein ausdrückliches Verbot nötig, um vor diesem Zustande zu schaudern. Denn es stand nicht weniger, als das Bestehen von Israel selbst auf dem Spiele. Er ist nach Kanaan gezogen, um Israel herzustellen; er hofft da bei Jahwes Heiligtum
einen Teil von Israel wieder zu finden, an den er selbst und die
Seinen sich anschliessen können und sieht, es ist ein besudeltes
beschmutztes Israel. Ist die Bestürzung, die sich seiner bemeistert,
nicht vollkommen erklärlich, auch wenn Neh. 10. ₃₁ nicht vorausgegangen ist?

Ferner ist nicht zu erklären, wie die Fürsten haben sagen kön-
nen: „die heilige Saat hat sich vermengt mit den Völkern der
Länder" (Esra 9. ₂), wenn einige Zeit zuvor die Absonderung von
Israels Samen von den Fremden wirklich stattgefunden hatte (Neh. 9. ₂).
Hiervon weiss unsere Erzählung nichts. Von solch' einem wichtigen Ereignisse hätte Esra, wenn er es gekannt hätte, in seinem
Gebete (Esra 9. ₆₋₁₅) nicht schweigen können.[1] Denn hier erklärt er:
Israels Strafzeit dauert noch immer fort, aber eine kurze Zeit
(רָגַע מְעַט) ist ihnen einige Erholung vergönnt; diese besteht darin,
dass ihnen eine פְּלֵיטָה, worunter die zurückgekehrte Gola verstanden zu sein scheint, überlassen ist und ihnen ein Nagel gegeben ist in Jahwes heiligen Orte, d. i. dass der Rest zu Jerusalem
ein festes Centrum ist, um das herum sich das verstreute Israel

---

[1] Die Verse, um die es uns vor allem zu thun ist (V. 7—9), unter-
scheiden sich hierin von dem was vorausgeht und folgt dadurch, dass hier
Gott nicht angeredet wird. Gehörten sie ursprünglich vielleicht zu Esra's
Ansprache 10. ₁₀ f.?

sammeln kann, „der Krystallisationspunkt," wie Oettli sagt,
„für die künftige Gemeinde des Heils." Ferner bezeugt er, dass
sie den Tempel haben erbauen dürfen und Gott ihnen einen Wall
oder Mauer (גדר) gegeben hat in Juda und Jerusalem, d. h. Israel
in Palästina ummauert, umhegt hat, so dass es nunmehr wieder bei
einander, und seine „Sonderexistenz" verbürgt ist. In diesem Zusammenhange würde Esra auch von Israels Absonderung von den
Fremden in Palästina gesprochen haben, wenn sie stattgefunden
gehabt hätte.

Doch ich gehe weiter und behaupte, dass in Esra 9, 10 so
wenig die Bildung der Gemeinde vorausgesetzt wird, dass diese
Kapitel uns gerade erzählen, was der Anlass dazu geworden ist.
Die Bildung der Gemeinde ist mit andern Worten erst gut zu erklären, wenn wir uns die Ereignisse von Esra 7—10 als derselben
vorausgegangen denken. Es ist doch selbstverständlich, dass man
an Absonderung des reinen Israels vom unreinen erst denken
konnte, als man erkannt hatte, dass es Israeliten gäbe, die man
aus Israel ausschliessen müsse. Dieser Fall ereignete sich kurz
nach Esras Ankunft in Jerusalem. Als er dahin kam, war er offenbar noch nicht vollkommen mit dem Zustande der Juden in Palästina bekannt; er hatte geglaubt bei Jahwes Heiligtume einen
Rest zu finden, an den sich er und die Seinen nur anzuschliessen
hatten, um das Volk Israel herzustellen. In dieser Erwartung sieht
er sich getäuscht: der heilige Samen hat sich vermengt mit den
Völkern der Länder. Was ist da zu thun? Er tritt, wie es scheint,
in Unterhandlung mit dem Hohenpriester Johanan ben Eljasib,[1]
weiss die Angesehenen, die Fürsten und Richter für seine Sache
zu gewinnen, und erreicht es, dass Juda und Jerusalem zusammengerufen werden zu einer Versammlung, in der an alle, die fremde
Frauen geheiratet haben, die Forderung gestellt wird, Frauen und
Kinder wegzuschicken. Doch diese Massregel hat nicht den ge-
wünschten Erfolg; gab es Einzelne, die sich überreden liessen, so
waren andere, viele durchaus nicht Willens, das zu thun, was man
von ihnen forderte. Was nun? Mittel, die Widerwilligen zu
zwingen, hatten sie nicht, und dies Volk gemischten Blutes (den
ערב) als Glieder von Israel anerkennen, das wollten sie nicht.

[1] Dies folgern wir aus Esra 10.₆. So auch van Hoonacker: „Ne
serait-ce pas là que l'on aurait commencé à se concerter sur les meilleurs
moyens d'assurer à la réforme un plain succès?"

Was blieb unter diesen Umständen dem Esra und den Seinen
übrig, als eine Scheidung zu machen zwischen den echten Söhnen
Israels und den Anderen? So entstand der Plan, eine Gemeinde
zu bilden. Die Weise, auf welche dies geschah, wurde durch die
Umstände von selbst gegeben. Esras Gola, aus rein israelitischem
Blute bestehend, das sich noch nicht mit der jüdischen Umgebung
vermengt hatte, war der gewiesene Kern, um den sich die Gemeinde bildete (Neh. 10. $_{29}$ f.); an sie schlossen sich alle an, die
nicht mit Fremden verschwägert waren, und viele, die Anschluss
an Israel höher stellten, denn die fremden Frauen und die von
ihnen geborenen Kinder. So wurde die Gemeinde ins Leben gerufen, die ausser ihrer Entstehung auch ihren Namen Esras Gola
zu verdanken hat, denn diese betrachtete sich, im Anschluss an
den deuteronomischen Sprachgebrauch, bei ihrer Ankunft in Jerusalem als Jahwes Versammlung (יהוה קהל).

Wenn wir nun auch Esra 7 – 10 vor Neh. 9, 10 setzen müssen:
weiter zurück können wir nicht. Das Stück, das ihm nach unserer Untersuchung in § 1 dieses Kapitels der Zeit nach vorausgeht, Neh.
13. $_{4-31}$, versetzt uns in die Zeit vor der Ankunft von Esras Gola.
Denn hier ist ebensowenig, wie in der ersten Hälfte von Nehemia
eine Spur von eben angekommenen Verbannten zu entdecken;
während Esra mit „Israel" aus Babel zurückkehrt (Esra 7. $_{7, 13,}$
$_{17,}$ 8. $_{25}$), heisst in Neh. 13 das Volk, das in Palästina wohnt, niemals Israel, sondern immer Juda oder Juden (13. $_{12, 15, 17, 23}$).
Zur Zeit, da Esra zurückkommt, ist Johanan ben Eljasib, wie es
scheint, Hoherpriester (Esra 10. $_{6}$); Neh. 13. $_{4}$ nennt als solchen noch
Eljasib selbst. Auch muss das, was in diesem Kapitel von Nehemias Bemühungen in betreff der Mischehen erzählt wird, früher
geschehen sein, als was Esra in derselben Angelegenheit that.[1]

Die Vorstellung, dass Nehemia durchdrang, wo Esra nicht
ausgekommen war, mag richtig sein, wenn man an die grosse
Versammlung (Neh. 9, 10) denkt, in der wahrscheinlich durch Zusammenwirken von Esra und Nehemia, bis zu einem gewissen Grade
jetzt erreicht wurde, was Esra nach Esra 9, 10 vergebens erstrebt
hatte, aber ist unhaltbar, wenn man auf Neh. 13. $_{23-29}$ blickt. Vorerst ist hier von einer Erreichung von Esras Ideal so wenig die
Rede, dass dies Ideal dem Nehemia offenbar nicht einmal vorge-

1) S. NE.[1] p. 44 suiv.

schwebt hat. Esras Forderung: Trennung von den fremden Frauen
und ihren Kindern wird von Nehemia nicht einmal aufgestellt. Er
lässt die mit heidnischen Frauen Verheirateten nur schwören, dass
sie keine fremden Frauen für ihre Söhne nehmen und ihre Töchter
keinem Fremden geben. Ist es glaublich, dass, wenn die Forderung zur Trennung schon von Esra gestellt und von der ganzen
Gemeinde (Esra 10. $_{12}$) gebilligt war, Nehemia, desselben Geistes
Kind, eine Anzahl Jahre später sich mit einem Gelübde der Schuldigen für die Zukunft solle begnügt haben? Aber ferner, wenn
die Versammlung von Esra 10 schon stattgefunden hatte, als Nehemia gegen die Mischehen eiferte, ist es dann nicht sonderbar,
dass er nicht mit einem einzigen Worte auf die Versammlung und
die da gestellten Forderungen anspielt, und dass er seine Argumente
gegen die Schuldigen ausschliesslich der Geschichte Salomos entnimmt? Und endlich: Nehemia erzählt mit einem gewissen Wohl-
gefallen, was er in dieser Angelegenheit gethan habe; er ist mit
dem Resultate seines Auftretens offenbar ganz zufrieden; und was
hat er ausgerichtet? Er hat einen Enkel des Eljasib weggejagt, die
Übertreter geschlagen, gescholten, bei den Haaren gezogen, sie
schwören lassen, in der Folge keine Beziehungen zu den Fremden
anzuknüpfen; aber keine fremde Frau ist fortgeschickt, keine Ehe
aufgelöst trotz all' seines Eifers; würde Nehemia sich so selbstzu-
frieden über seine Bemühungen in dieser Angelegenheit ausge-
lassen haben, wenn er das so viel weiter gehende Ideal des Esra
schon damals gekannt hätte?

Mir scheint es, als wäre der Gang der Sache folgender gewesen: Nehemia hat nach seiner Rückkehr aus Susa begonnen, wider
die Mischehen zu eifern; an die Auflösung der bestehenden dachte
er noch gar nicht: er war zufrieden mit Gelübden für die Zukunft.
Dabei blieb der Zustand vorläufig vollständig unverändert. Nun
kommt Esra; er will durchgreifende Massregeln treffen; nicht zufrieden mit Gelübden für die Zukunft, fordert er Trennung der
unerlaubten Verbindungen. Sein Streben stösst auf unüberwindlichen
Widerstand. Aber kann man die ungesetzlichen Heiraten nicht
auflösen, so kann man doch die Übertreter von Israel ausschliessen.
So bildet sich die Gemeinde. Die Juden, die sich von ihren Frauen
nicht scheiden wollen, sind davon ausgeschlossen; man hat nicht
mehr nötig, mit ihnen zu streiten, wie Nehemia that; sie sind keine
Israeliten mehr. Und nun wird in dieser Versammlung der Be-

schluss gefasst (Neh. 10. $_{31}$), „dass wir unsere Töchter nicht geben
den Völkern des Landes und ihre Töchter nicht nehmen für unsere Söhne." Wenn wir den Kapiteln Esra 7—10 ihren Platz zwischen
Nehemia 13. $_{4-31}$ und Nehemia 9, 10 anweisen, so muss auch
die folgende auffällige Erscheinung in diesen Kapiteln zu ihrem
Rechte kommen. Professor K u e n e n [1]) hat meines Erachtens mit
Recht gegen die Hypothese v a n H o o n a c k e r s u. a. angeführt,
dass das, was Esra 8. $_{15-20}$ über die Stellung der Leviten vorausgesetzt wird, verbiete, dies Stück nach der grossen Versammlung, in der die Angelegenheiten der Leviten geordnet werden,
anzusetzen. Denn aus diesen Versen geht hervor, dass das Loos
der Leviten alles andere, nur nicht beneidenswert war; ohne Zweifel
war dies der Grund, weshalb sich anfangs auch nicht ein einziger
seinem (des Esra) Zuge angeschlossen hatte. Diese Zurückhaltung
der Leviten, sagt K u e n e n, ist sehr befremdend, um nicht zu sagen,
unerklärlich, wenn zu dieser Zeit die Beschlüsse und Massregeln
getroffen waren (Neh. 10. $_{38}$ ff.), durch die ihr Loos sehr verbessert
wurde. Diese Darlegung ist, wie mich dünkt, unwiderleglich. Doch
scheint v a n H o o n a c k e r recht zu haben, wenn er dagegen auftritt,[2]) doch allein so, dass er seinen Angriff ausschliesslich gegen
eine in diesem Zusammenhange vielleicht weniger glückliche Wendung seines Gegners richtet. K u e n e n hatte die Abneigung der
Leviten u. a. so erklärt: sie fühlten sich beeinträchtigt und fanden
sich nur mit Widerwillen in den niedrigeren Rang, den sie im
neuen Tempel einnehmen sollten. Nun sagt v a n H o o n a c k e r
nicht ohne Grund: wenn die Leviten im Jahre 538 und 458 sich
beeinträchtigt fühlten, darüber, dass sie sich mit einem niedrigeren
Range begnügen mussten, dann musste sich dies Gefühl noch mehr
geltend machen im Jahre 398, welches nach ihm das Jahr der Ankunft Esras ist, als die Unterordnung der Leviten unter die Priester
durch das seit 444 eingeführte Gesetz sanktioniert war. Zu diesem
Einwande geben K u e n e n s Worte in der That Anlass, doch dieselben drücken, wie aus dem Folgenden hervorgeht, seinen eigentlichen
Gedanken gar nicht aus. Was K u e n e n meint, ist dies: Das Ein-
kommen der Leviten ist von der grossen Versammlung sofort

---

1) Chronologie, bl. 48.
2) NE.[2] p. 46—48.

gesetzlich festgestellt. In einer Zeit, da dies im Interesse der Leviten geregelt war, würde der Widerspruch, von dem Esra zeugt, unerklärlich gewesen sein. Diese Beweisführung ist, wie mich dünkt, unwiderleglich. Aber sie trifft wohl van Hoonackers Hypothese, aber nicht die unsrige; denn diese setzt die Versammlung, in der die Bestimmungen zum Besten der Leviten festgesetzt wurden, nach der Zeit von Esras Zuge. Nach ihr ist bei der Ankunft von Esras Gola zu Jerusalem, durch Nehemia wohl Eins und das Andere für die Leviten gethan, aber es ist nur ein Anfang gemacht, noch dazu ohne guten Erfolg; die Leviten, von ihm nach Jerusalem gebracht, sind selbst wieder weggegangen, da sie ihre Einkünfte nicht erhielten (Neh. 13. ₁₀₋₁₃). War es ein Wunder, dass die von dieser Lage sicher unterrichteten Leviten in der Gefangenschaft zauderten, ins alte Vaterland zurück zu kehren? Und wenn doch noch etliche sich von Esra überreden liessen, so dürfen wir wohl als sicher annehmen, dass Esra ihnen versprach, für ihre Bedürfnisse sorgen zu wollen. Und dies ist nach unserer Anordnung der Dokumente, kurz nach Esras Ankunft thatsächlich geschehen durch die Beschlüsse der grossen Versammlung. Ich meine, dass auch in dieser Hinsicht Esra 7—10 gut an seiner Stelle steht, nämlich nach Neh. 13. ₄ ff. und vor Neh. 9, 10.

Gegen die Stelle, die wir nach gegenseitiger Vergleichung der verschiedenen Stücke von Esra und Nehemia, dem Abschnitte Esra 7—10 angewiesen haben, steht nun aber die Zeitbestimmung, die man in Esra 7. ₇ f. findet, in gewaltigem Widerspruch. Denn hier lesen wir, dass der Zug stattgefunden habe im siebenten Jahre des Königs Arthahsastha. Wir sind geneigt, den hier genannten König für Artaxerxes I. Longimanus zu halten; dafür spricht die Stellung von Esra vor Nehemia, wie auch das Fehlen jeder näheren Andeutung. Hätte unser Schreiber einen anderen Arthahsastha gemeint, als den von Neh. 1. ₁; 2. ₁, 13. ₆, so würde er diesen von jenem auf die eine oder andere Weise unterschieden haben.[1]) Diese Annahme nun ist nicht vereinbar mit dem von uns gefundenen Resultate, da Nehemias Ankunft in Jerusalem erst im 20ten Jahre dieses Königs stattfand und Neh. 13. ₄ ff. uns gar in sein 32tes versetzt. Nun hat van Hoonacker, um seine Meinung, dass

---

1) So wie z. B. Josephus thut, der ihn „den zweiten" nennt, Jüdische Altertümer XL. 7. 1.

Esra hinter Nehemia gehöre, festhalten zu können, die Ansicht ver·
teidigt, dass mit unserem Arthahsastha nicht Artaxerxes I. Longi·
manus, sondern Artaxerxes II Mnemon (404—359) gemeint ist, so
dass die Reise Esras im siebten Jahre dieses Königs also im Jahre
397 (398) würde stattgefunden haben. Prof. K u e n e n hat hier·
gegen Argumente vorgebracht, die meines Erachtens schwer wie·
gen, und von v a n H o o n a c k e r nicht genügend widerlegt sind.
Vor allem ist ihm anstössig das hohe Alter, das dann Esra zur
Zeit seines Wegzuges aus Babel schon gehabt haben müsste. Da
dieser nämlich, auch nach v a n H o o n a c k e r, schon vor 433
(Neh. 13. $_6$) zu Jerusalem mit Nehemia zusammengewirkt hat, und
er da schon, nach seinem Auftreten als angesehener, geachteter
Mann, nicht allzu jung mehr gewesen sein kann, so würde er im
Jahre 398 ein Greis gewesen sein. Dies wäre aber, meint K u e ·
n e n, nicht das Bild des Esra, wie wir es aus Esra 7—10 kennen
lernen. Ferner weist dieser Gelehrte auf Meremoth ben Uria, den
wir als eifrigen Teilnehmer am Mauerbau in Nehemias Liste (Neh.
3. $_4$, $_{21}$) antreffen und zugleich Esra 8. $_{33}$ erwähnt finden als einen
der Priester, denen Esra bei seiner Ankunft in Jerusalem die Tem·
pelgaben übergiebt. Da der Bau der Mauer stattfand, im Jahre 444
und Meremoth damals im kräftigen Mannesalter gestanden haben
muss, so ist er im Jahre 398 ein uralter Mann gewesen. Dieselbe
Unwahrscheinlichkeit ergiebt sich bei Malchia ben Harim, dem Mit·
erbauer der Mauer (Neh. 3. $_{11}$) und nach Esras Ankunft einem von
denen, die mit fremden Frauen verheiratet waren (Esra 10. $_{31}$). In
der Antwort v a n H o o n a c k e r s auf diese Bedenken [1]) ist nicht
Weniges, das sehr beachtenswert und gegen die Vorstellung, dass
Esra 7—10 antérieur ist als Nehemia, nicht ohne Beweiskraft ist;
aber ob er die Jahreszahl 398 als das Jahr von Esras Ankunft an·
nehmlich gemacht hat, möchte ich doch bezweifeln. Es ist natür·
lich möglich, dass Meremoth ca. 25 Jahre alt war zur Zeit des
Mauerbaus und 70 bis 75, als er die Tempelgaben von Esra in
Empfang nahm; [2]) möglich, dass Malchia ben Harim als Jüngling

---

1) NE.[2] p. 59—61, 65—73.
2) Dieser Meremoth bietet v. H. auch noch das folgende Argument
für seine Hypothese (L. c. p. 67 f.). Meremoth ist nach Neh. 3. $_4$, $_{21}$ vom
priesterlichen Geschlecht Hakkoz; dies Geschlecht nun ist zur Zeit des
Scrubabel vorläufig von der Priesterschaft ausgeschlossen (Esra 2. $_{61}$, Neh.
7. $_{63}$); dies ist auch noch der Fall zur Zeit des Mauerbaus; denn in der

an der Mauer baute und 47 Jahre später seine heidnische Frau
fortschicken musste, möglich, dass Esra erst 25—30 Jahre alt war,
als er das Gesetz einführte und ein alter Mann von 72.'77 Jahren,
als er mit seinem Zuge nach Jerusalem kam; aber jeder wird zugeben, dass es nicht wahrscheinlich ist: nicht als junge Leute, sondern als Geschlechtshäupter kommen Meremoth und Malchia bei
dem Mauerbau vor; Esra tritt in Neh. 8, wie wir sahen, nicht als
Jüngling, sondern schon als älterer Mann auf; Meremoth kann als
reichlich Siebzigjähriger Tempelgaben in Empfang genommen haben,
aber dass Jemand in diesem Alter Führer eines Zuges ist und eine
Reformation unternimmt, wie die in Esra 9, 10 beschriebene, ist

Erzählung davon wird er nicht Priester genannt; auch noch später: Neh.
10. 2 ff. und 12. 12 ff. kommt Hakkoz nicht unter den priesterlichen Geschlechtern vor. Doch nun ist Meremoth ben Hakkoz! Priester und fungiert als
solcher zur Zeit von Esras Ankunft (Esra 8. 33). Da war also die Familie
anerkannt, was von Serubabel bis nach dem Mauerbau nicht der Fall
war; Esra 8. 33 versetzt uns also in spätere Zeit als Nehemia. „La fa-
mille Hakkoz," so schliesst v. H., „doit avoir repris sa place dans les rangs
du sacerdoce après la mission de Néhémie et avant le retour de la cara-
vane d'Esdras." Gesetzt, dies wäre richtig, so wäre damit noch nicht das
Jahr 398 als das Jahr der Ankunft Esras bewiesen, es würde daraus allein
folgen, dass Esra 7—10 auf Nehemia, auch auf Neh. 10. 2 ff. und 12. 12 ff.
folgen müsse. Doch die beiden letzterwähnten Stellen beweisen nichts:
die erste ist aus einer Liste, die aus Namen von Individuen und Geschlechtern besteht, und wahrscheinlich überarbeitet ist und die noch dazu,
wohl nicht den Geschlechtsnamen Hakkoz, sondern Meremoth selbst erwähnt. Die Liste, der die zweite Stelle entlehnt ist, würde man ebenso-
gut heranziehen können zum Beweise, dass das Geschlecht Immer in Nehemias Zeit nicht als ein priesterliches Geschlecht anerkannt war; es wird
ebensowenig wie Hakkoz erwähnt. Auch Nehemia 3 beweist nicht, was
es beweisen soll: heisst auch hier Meremoth nicht Priester, so wird er
doch unter die Priester gerechnet: er arbeitet an dem Teile, der von
Priestern hergestellt wird (V. 21): von der Thür von Eljasibs Haus bis
zum Ende von Eljasibs Haus. Auch bezieht sich die Liste von Esra 2
nicht auf die Zeit von Serubabel, sondern auf die von Nehemia. Nach
unserer Anordnung der Dokumente würde der Gang der Sache dieser
gewesen sein: das Geschlecht Hakkoz fungiert als ein priesterliches Geschlecht, ist als solches anerkannt zur Zeit des Mauerbaus und noch zur
Zeit von Esras Ankunft; doch bei der Bildung der Gemeinde wird es aus
irgend welchem Grunde nicht mehr als solches anerkannt; in der Zeit
des Chronisten, der es unter die 24 Priesterklassen aufnimmt (I Chron. 24. 11)
hatte es aber seine Stellung wieder bekommen.

in hohem Masse unwahrscheinlich. Das siebte Jahr des Artaxerxes Mnemon scheint nicht die für Esra 7—10 zutreffende Zeit zu sein. Wir müssen also dafür halten, dass thatsächlich Artaxerxes I. gemeint ist und anerkennen, dass die Zeitbestimmung unserem Resultate widerspricht. Damit ist aber nicht gesagt, dass dies letzte unhaltbar ist; es ist ebenso möglich, dass die Zeitbestimmung falsch ist. Gar manches macht diese Ansicht sehr annehmbar. Erstens kommt das siebte Jahr des Artaxerxes nicht in dem Ich-Stück Esras vor, sondern gehört zum Werke des Redaktors (7. $_{1-26}$); Esra selbst setzt seinen Zug, unter die Regierung des Arthahsastha und nennt kein Jahr (8. $_1$, vergl. 7. $_1$), auch da nicht, wo er Tag und Monat erwähnt (8. $_{31}$). Ferner können wir an dem Abschnitte, in dem die Zeitbestimmung vorkommt, leicht gewahren, dass er nicht „aus einem Gusse" ist: V. 7 passt nicht gut zu dem, was vorauf-geht und was nachfolgt; denn V. 8 schliesst an V. 6, nicht an V. 7 an (Thise verse resumes ver. 6., Ryle): nachdem gesagt ist (V. 7): „von den Söhnen Israels . . . . . zogen herauf nach Jerusalem" erwarten wir nicht V. 8 „und er kam nach Jerusalem." Ohne Zweifel hat der Redaktor hier den Worten des Esra etwas anders-woher oder de suo hinzugefügt. Dies ist auch der Fall in V. 8, wo „das ist das siebente Jahr des Königs" ein sehr unglücklicher Zusatz zu „im fünften Monat" ist; [1]) ohne Zweifel ist dieser Zusatz vom Redaktor, der seinen Lesern noch einmal einschärfen wollte, dass es das siebente Jahr des Artaxerxes war. Doch wozu, fragen wir, wird dieser merkwürdige Nachdruck auf diese Zeitbestimmung gelegt? Verrät er darin nicht unwillkürlich, dass er grosses Gewicht auf diese Zeitbestimmung legt? Liegt die Vermutung also nicht nahe, dass das siebente Jahr vom Redaktor absichtlich so nachdrücklich mehrere Male hintereinander erwähnt wird, da dies eines der Mittel ist, vermöge deren er die chronologische Reihenfolge „Nehemia-Esra" umkehren will? [2]) In der That, haben wir Grund, anzu-

---

1) Hierauf müsste mit „das ist" der Name des Monats folgen; s. Sach. 1. 7; Est. 3. 7-13. — I Esdr. 8. 6 (Cod. Vat.) hat „das zweite Jahr des Königs"; da aber auch in diesem Texte das siebente Jahr unmittelbar zuvor ge-nannt ist, so haben wir es hier mit einem Schreibfehler zu thun.

2) Warum der Redaktor gerade das siebente Jahr des Königs wählte, können wir vermuten. Er hat gedacht: Wie Nehemia 13 Jahre nach sei-nem ersten Kommen wieder nach Jerusalem reiste (wenn man wenigstens ‏בימים רבים‎ Neh. 13. 6, als ein Jahr ansehen will), so ist Esra 13 Jahre zu-vor in Jerusalem gewesen.

nehmen, dass der Redaktor Esra 7 — 10 absichtlich von seinem Orte hinter Neh. 1. $_1$ — 7. $_5$ weggenommen habe, da er die Gola Esras am Mauerbau teilnehmen lassen wollte, so müssen wir auch erwarten, dass er demgemäss auch die data nicht unverändert gelassen haben wird. Darum meine ich, dass der Erwähnung des siebenten Jahres des Artaxerxes, obwohl ich diesen König für den ersten dieses Namens halte, kein grosses Gewicht wider das Resultat unserer Untersuchung beizumessen ist, nach dem Esras Kommen in des Artaxerxes 32 tes Jahr zu versetzen ist.

Überblicken wir jetzt unser Resultat, so haben wir, was die Zeitfolge der Ereignisse betrifft, diese Reihenfolge gefunden: Neh. 1. $_1$ — 7. $_5$, 11. $_{3-36}$ (ergänzt durch 12. $_{1-26}$); 11. $_1$ f.; 12. $_{27-43}$, $_{44-47}$, 13. $_{4-31}$; Esra 7 — 10; Neh. 9, 10 (mit 13. $_{1-3}$), 7. $_6$ — 8. $_{18}$.) Von diesen Abschnitten sind die Esra 7 — 10 vorausgehenden den Memoiren des Nehemia entlehnt. Ob die Thirsatha-Stücke (Neh. 9, 10, 7. $_6$ — 8. $_{18}$), in ihrer ursprünglichen Gestalt, in Esras Memoiren gestanden haben, möchte ich nicht entscheiden, aber meines Erachtens spricht viel dafür.[1]) Aus unserer Untersuchung folgt wenigstens, dass sie, was ihren Inhalt betrifft, den Esra-Stücken sehr nahe stehen. Haben sie dazu gehört, so sind bei unserer Anordnung alle die Esrastücke wieder neben einander gekommen; und wir ziehen daher den Schluss, dass das Buch des Esra spätere Ereignisse erzählt habe, als das des Nehemia. So kommen auch wir, nur in etwas anderem Sinne, zu dem Resultate van Hoonackers: Esra nach Nehemia.

Der Redaktor, der die ursprüngliche Reihenfolge zerstörte, hat dies nicht infolge eines Missgeschicks, sondern absichtlich und nach einem bestimmten Plane gethan. Seinen Hauptzweck, die Gola Esras am Bau der Mauer teilnehmen zu lassen, erreichte er dadurch, dass er Esra 7 — 10 einfach vor Nehemias Memoiren setzte; doch, damit nicht zufrieden, erdichtete er Esra 4. $_{6(8)-23}$, wodurch ihr auch die Ehre zuerkannt wurde, schon vor Nehemias Ankunft das heilige Werk angefasst zu haben. Einen anderen Teil von Esras Schriften hat er nicht mit versetzen können, da in demselben Nehemia neben Esra auftritt. Er hat ihn aber soweit als möglich nach vorn gebracht und unmittelbar auf die Erzählung vom Mauer-

---

[1] Dies ist, was Neh. 9. $_6$ — 10. $_{40}$ betrifft, auch die Meinung von Stade, a. a. O. S. 153, 178.

bau folgen lassen, wodurch andere Berichte des Nehemia, selbst der
von der Einweihung der Mauer von ihrer Stelle verschoben wurden.
Was den Redaktor dazu bewog, ist leicht zu erraten. Er verstand Neh. 8—10 nicht in seiner ursprünglichen Bedeutung: er las
in c 8 nicht die Einführung eines neuen Gesetzbuches; denn er
konnte ja nicht annehmen, dass noch in Esras Zeit ein Gesetzbuch eingeführt war, da alle Gesetze von Moses waren. Ebensowenig konnte
er c 9, 10 verstehen von der Bildung der Gemeinde, da diese nach
seiner Darstellung schon kurz nach der Ankunft der Gola zur Zeit des
Cyrus stattgefunden hatte. Er las also in diesen Kapiteln etwas Anderes, und wohl: eine neue Bundesschliessung Israels mit Jahwe und
erneute Verpflichtung zu seinem uralten Gesetze. Konnte diese, da
Nehemia dabei war, nicht vor dem Mauerbau stattgefunden haben, so
musste sie dann unmittelbar darauf gefolgt sein. In Neh. 7. ₅ fand
er einen geeigneten Anknüpfungspunkt, an den mit einer geringen
Veränderung die Liste der Gola (7. ₆₋₇₃ₐ) und die dazu gehörenden
Erzählungen angeschlossen werden konnten. So kamen von selbst
11. ₃₋₃₆ (durch einen Zusatz 12. ₁₋₂₆ erweitert) und 12. ₂₇₋₄₃ Abschnitte, die in Nehemias Buche unmittelbar oder wenigstens sehr
bald auf Neh. 7. ₁₋₅ folgten, an ihre gegenwärtige Stelle zu stehen
und es entstand die sonderbare Vorstellung, dass zwischen der
Vollendung und der Einweihung der Mauer noch so viele andere
Dinge stattgefunden hätten. Von dem, was Nehemia weiter über
seine Wirksamkeit zum besten Jerusalems und des Tempels erzählte, hat der Redaktor sicher manches, da es nicht mit seiner
Darstellung übereinstimmte, weggelassen, und nur einzelne Verse
bewahrt: 11. ₁ f., das in Nehemias Buch auf die Liste der Bevölkerung Jerusalems gefolgt sein muss, liess er als eine Art Einleitung
vorausgehen. Der Bericht über die Massregel des Nehemia betreffs der Tempelkammern (12. ₄₄₋₄₇) und die aus dem Zusatz zu
Neh. 9 weggenommenen Worte über die Entfernung von Fremden
aus Israel (13. ₁₋₃), schienen ihm eine passende Vorbereitung auf
den Bericht über die Entweihung einer dieser Kammern, die von
Eljasib an den Fremdling Tobia abgetreten war (13. ₄ ff.); er setzte
sie also unmittelbar davor. Es ist selbstverständlich, dass durch
das Verschieben und Versetzen der Berichte durch den Redaktor,
Neh. 13. ₄₋₃₁ in einem anderen Lichte erscheinen musste: Nehemias
Versuche zur Reformation, die hier beschrieben sind, erhielten nun
den Charakter von Massregeln zur Handhabung der vor kurzem
festgesetzten Ordnung.

Schluss.

Wenn die Ergebnisse unserer Untersuchung, und wäre es auch nur in der Hauptsache als stichhaltig befunden werden, so erhält dadurch die Geschichte von Israels Wiederherstellung ein vielfach anderes Gesicht. Ich lege das zum Schlusse noch mit einigen Worten dar.

Die hohen Erwartungen des Deutero-Jesaia, der in Cyrus den von Gott gesandten Erlöser Israels begrüsst hatte, waren nicht erfüllt worden. Die von ihm geweckte Hoffnung auf Wieder-herstellung war jedoch damit nicht erstorben. In den ersten Jahren der Regierung des Darius stehen in Jerusalem einige Propheten auf, die, erfüllt von der Idee von Zions künftiger Herrlichkeit und in der sicheren Erwartung der nahe bevorstehenden Rückkehr der Zerstreuten, den Anstoss zum Tempelbau geben. Hierbei erfahren die Juden verhältnismässig wenig Missgeschick: wohl hört nicht sogleich nach der Grundsteinlegung des Tempels das Unglück auf, mit dem das Land geplagt wurde, und in dem man die Strafe für das Unterlassen der Wiederherstellung des Heiligtums sah; wohl sind die Mittel, über die sie verfügen, gering, und droht Mutlosig-keit sich bisweilen der Bauenden zu bemächtigen; wohl findet der persische Landpfleger die Sache einigermassen bedenklich und hält es für nötig, seinen Herrn in Kenntnis zu setzen von dem Unter-nehmen der Juden, und sich hierüber seine Meinung zu erbitten — aber ernstlichen Widerstand finden die Juden nicht, so dass der Tempelbau, der in des Darius zweitem Jahre begonnen wurde, schon in seinem sechsten vollendet war.

Dies war der Anfang von Israels Wiederherstellung. Aber auch nicht mehr. Es fehlte noch viel daran, dass Jahwes Volk rund um Jahwes Tempel wohnte. Noch immer waren die Verbannten in der Verstreuung, und lagen die Mauern Jerusalems in Trümmern. Wohl hatte Sacharja gemeint, dass die Wiederherstellung Israels auf die Erbauung der Mauern nicht zu warten brauche: wenn das Heiligtum nur hergestellt wäre, dann würde Jahwe selbst eine Mauer von Feuer um die heilige Stadt sein. Aber als nach der Erbauung des Tempels die herrliche Zeit, von der der Prophet gesprochen hatte, nicht kam, sah man die zerstörten Mauern mit anderen Augen an und betete um ihre Wiederherstellung. Es dauerte gegen siebzig Jahre, bis dieses Gebet erfüllt ward. Da kam ein Mann vom

persischen Hofe mit dem Titel und der Macht eines Landpflegers
der Juden, der das Werk anfangen und vollenden sollte. Dies war
Nehemia, ein Mann von grosser Willenskraft, starkem Vertrauen
und voll feurigen Verlangens nach der Sammlung Israels. In des
Artaxerxes 20 ten Jahre nach Jerusalem gekommen, weiss er die
jüdischen Edelen und Obersten mit Begeisterung für das Werk des
Mauerbaus zu erfüllen, den Widersachern und Neidern mit Klug-
heit entgegenzutreten und alle Schwierigkeiten zu überwinden. In
kurzer Zeit ist die Mauer vollendet und wird feierlich eingeweiht.
Eine zweite Bedingung für Israels Wiederherstellung ist erfüllt.
Jedoch, was ist Jerusalem mit Tempel und Mauern, aber ohne hin-
reichende Bevölkerung? Israel ist grösstenteils noch immer in der
Zerstreuung. Indess, auf die Rückkehr der Zerstreuten wartet Nehemia nicht, um durch sie die Bevölkerung der heiligen Stadt zu
vermehren. Auf seine Vorstellungen hin siedelt sich ein Teil der
Landbevölkerung in der Tempelstadt an. Ferner tritt er auf als
Wiederhersteller und Ordner des Tempeldienstes: er bringt die
auf dem Lande wohnenden Leviten nach Jerusalem, trifft Anordnungen über die Einkünfte des Tempelpersonals und ergreift Massregeln betreffs der Kammern, in denen die Gaben der Juden bewahrt werden müssen. Von dem und jenem noch sind uns nur
sehr kurze, hie und da verstreute Bemerkungen erhalten geblieben,
die aber zu der Folgerung berechtigen, dass Nehemias Wirksamkeit und seine Verdienste um sein Volk sehr grosse gewesen sein
müssen. Aber trotzdem fehlte noch viel an der Wiederherstellung
Israels. Noch immer war der Kern des Volkes, das echte Israel,
in der Verbannung. Sollte aber jetzt nicht die Zeit für die Zurück-
kunft gekommen sein? Der Tempeldienst war geregelt, Jerusalem
erneut und befestigt, die heilige Stadt hatte Raum, ihre so lange
verlorenen Söhne wieder aufzunehmen. Und der persische König
war seinem früheren Schenken, jetzigem Landpfleger in Juda,
günstig gesinnt. Würde er nicht die Erlaubnis zur Rückkehr Israels geben? Es ist in der That nicht unwahrscheinlich, dass diese
oder ähnliche Erwägungen der Anlass zu Nehemias Reise an den
persischen Hof waren. In diesem Falle ist sie von Erfolg gekrönt.
Denn sicher nicht lange nach Nehemias Rückkehr kommt Esras
Gola nach Jerusalem. Hat der Landpfleger auf seiner Reise an
den Hof auch Babel besucht, dort Esra kennen lernen und mit ihm
die notwendigen Abmachungen zur Widerherstellung Israels ge-

troffen? Dies scheint sehr annehmbar zu sein. Als Nehemia nach
Jerusalem zurückgekehrt ist, tritt er viel mehr als früher, als reli-
giöser Reformator auf. Vor dieser Zeit hat er besonders die natio-
nalen und sozialen Interessen des Volkes berücksichtigt: die Mauer
wieder hergestellt, Jerusalems Bevölkerung vermehrt, die Einkünfte
der Leviten geregelt, Massregeln gegen Verarmung des Volkes
getroffen — jetzt sehen wir ihn thätig nicht nur als Schützer der
Reinheit des Tempels und der bedrohten Rechte der Leviten, sondern auch als Beförderer der Sabbathsruhe, als Eiferer wider die
Mischehen. Früher hatte er wohl zu kämpfen gehabt mit Leuten
wie Sanballat und Tobia, die die Wiederherstellung der Mauer
verhindern wollten, aber gegen ihre jüdischen Verwandten, zu
denen Leute aus den angesehensten Familien gehörten, war er
noch nicht öffentlich aufgetreten; sie hatten ihn ja auch bei
dem Bau der Mauer unterstützt. Jetzt wird dies anders. Nehemia lässt die hohepriesterliche Familie seinen kräftigen Arm füh-
len; mit durchgreifendem Ernste reformiert er die Priesterschaft
und regelt den Dienst des Tempelpersonals. Sein Kampf ist
von nun ab gerichtet nicht nur gegen die Fremden, die die Be-
festigung Jerusalems mit Besorgnis sahen, sondern auch gegen die
Volksgenossen, die obwohl einer politischen Wiedergeburt des
Volkes zujauchzend, doch von einer religiösen Reformation nichts
wissen wollten. Wem ist diese Veränderung zuzuschreiben? Die Vermutung liegt nahe: der Begegnung mit Esra. Die Bekanntschaft
mit diesem Priester-Schriftgelehrten, hat ihn erkennen lassen, wie
viel noch der jüdischen Gesellschaft zu Jerusalem fehlte, ehe sie
ein Gott wohlgefälliges Israel heissen konnte. In Erwartung der
Ankunft der Verbannten legt er also die Hand ans Werk, damit
diese in Jerusalem einen Teil Israels fänden, mit dem sie sich ver-
einigen könnten. Doch bei all' seinem Ernst und Eifer vermochte
er dies Ziel nicht zu erreichen: als Esras Gola mit reichen Tempelgaben und glühendem Eifer, Israel wieder herzustellen, nach Jerusalem kommt, findet sie da eine jüdische Bevölkerung, die im
Ganzen ihrer Erwartung nicht entspricht, und an die sie sich unmöglich anschliessen kann. Diese Bevölkerung hat sich nicht von
den Fremden abgesondert, sie ist ein beflecktes, besudeltes Israel.
Ein kühner Versuch Esras und der Seinen, mit einem Schlage
diesen Zustand zu verbessern, missglückt: trotz der Unterstützung
die Esra, auch von den Angesehenen erhielt, trotz des sittlichen
Übergewichts der Gola, schien es unmöglich, das Volk von den

fremden Elementen zu reinigen. Der Schaden sass zu tief, das jüdische Volk war mit zu vielen Fesseln an das Heidentum festgebunden, als dass es davon mit e i n e m kräftigen Ruck losgerissen werden konnte. Aber die Eiferer für Israels Wiederherstellung verlieren den Mut nicht. Ist für die Gola Anschluss an die bestehende jüdische Gesellschaft nicht möglich, so ist sie, die Kahal oder Gemeinde, sich doch bewusst, das wahre Volk Gottes zu sein; sie zieht die rein-jüdischen Elemente aus der jüdischen Gesellschaft an sich, und wird so der Kern, um den sich das wahre Israel sammelt, das nun nicht als Volk, sondern als Gemeinde neugeboren wird. In einer feierlichen Versammlung findet der Hinzutritt aller derer statt, die sich von den Fremden abgesondert haben, und bereit sind zu dem Gelübde, dass sie auch in der Folge mit denselben keine Verbindungen eingehen würden. Die neugebildete Gemeinde schwört dem Gesetze Treue und nimmt, da dies nicht für alle Bedürfnisse des vielfach eigenartigen Zustandes, in dem man sich befindet, Vorkehrungen trifft, eine Menge Verpflichtungen auf sich, um das Fortbestehen eines geregelten Tempeldienstes zu gewährleisten. So ist Israel wieder hergestellt; ganz anders als ein Sacharja den Tempelbauern verheissen hatte, auf andere Weise auch als die Gola bei ihrer Rückkehr sich vorgestellt hatte; aber mit alledem ist Israel wieder in Palästina ansässig und aufs Neue beginnt nun auf dem heiligen Boden seine wunderbare Geschichte. Und mehr und mehr hat die Gemeinde die besten Elemente der jüdischen Gesellschaft in sich aufgenommen und ist, was sich nicht von den Heiden absonderte, mit diesen verschmolzen; bis endlich die Gemeinde selbst aufging ins Judentum, unter welchem Namen das wahre Israel dann weiter fortbesteht.

Von grossem Gewicht für die Gemeinde ist die Einführung von Esras Gesetzbuche gewesen. Schon bei der grossen Versammlung hatte man gefühlt, dass das alte Gesetz, das man feierlich aufs Neue in Besitz nahm, nicht für alle Bedürfnisse des gegenwärtigen Zustandes Bestimmungen traf; man hatte sich genötigt gesehen, ausser an das Gesetz sich noch an andere Bestimmungen zu binden. Die neue Zeit forderte ein neues Gesetz, und Esra hat es der Gemeinde gegeben. Dass die Einführung desselben nicht unmittelbar nach der Bildung der Gemeinde stattgefunden hat, liegt in der Natur der Sache. Denn dann würden Esra und

Nehemia in der grossen Versammlung das Volk nicht auf das alte
Gesetz verpflichtet haben. Wie unzweckmässig wäre es gewesen,
eine Anzahl Bestimmungen aufzustellen unmittelbar vor der Einführung des Gesetzbuches, das sie fast alle überflüssig machen sollte.
In der That müssen wir annehmen, dass man bei der Bildung der
Gemeinde nicht beabsichtigte, schon in der nächsten Zukunft ein
neues Gesetzbuch einzuführen. Hiermit kommen wir einigermassen
in Streit mit Esra 7. ₁₄, ₂₅, wo wir lesen, dass Esra „mit dem Gesetz Gottes in der Hand" nach Jerusalem reist, so dass er schon
von Anfang an die Einführung desselben beabsichtigt. Doch dieser
Darstellung ist meines Erachtens nicht vollkommen zu trauen ; sie
kommt nicht in der Schrift des Esra selbst, sondern ausschliesslich
im Werke des Redaktors vor und stimmt dazu nicht vollständig
mit dem, was Esra selbst (7. ₂₇ f.) schreibt: wenn er Gott dankt für
die Gunst, in der er beim persischen Könige steht, da gedenkt er
wohl des Wohlwollens desselben gegen den Tempel, aber er spricht
von einer Erlaubnis dieses Königs zur Einführung des Gesetzes
kein Wort. Höchst wahrscheinlich hat also der Redaktor Esras
Beschluss, das Gesetzbuch einzuführen, der erst im Laufe seiner
Wirksamkeit zur Reife kam, antedatiert. Wir haben uns den Gang
der Sache vielleicht so vorzustellen: Esra bringt bei seinem Kommen nach Jerusalem ein Gesetzbuch mit, das in seinen Augen
Gottes Willen enthält. Er denkt aber nicht daran, sogleich dasselbe einzuführen. Vielleicht war dies unrätlich und musste erst
auf Grund des alten Gesetzes die Gemeinde gebildet und consoli-
diert sein. Dazu war man in Babel nicht in jeder Hinsicht bekannt mit den Umständen und den eigenartigen Bedürfnissen in
Juda, und so musste das Gesetzbuch, sollte es in der That für die
Gemeinde passen in mancher Hinsicht Erweiterung und Veränderung erfahren. Dies nun hat stattgefunden : das Gesetz über den
Zehnten, in Verbindung mit den Einkünften der Leviten (Num.
18. ₂₁ ff.), das strenge Verbot der Mischehen (Num. 25. ₆ ff.) und
etliche andere Bestimmungen dürften im Blicke auf die Bedürfnisse
der Gemeinde in Juda entworfen sein. Sobald letztere einige Zeit
besteht und das neue Gesetz genugsam vorbereitet ist, wird das
Gesetzbuch von Esra und Nehemia in einer feierlichen Versammlung vorgelesen und eingeführt. Und so wurde das wiederherge-
stellte Israel auch innerlich gefestigt. —
    Dass die spätere jüdische Gemeinde sich unwillkürlich eine

andere Vorstellung von ihrem Entstehen bildete, als die, welche in den Memoiren des Nehemia und Esra überliefert war, ist höchst natürlich. Sie, deren Kern die zurückgekehrte Gola war, betrachtete die Verbannten als das wahre Israel. Von ihnen musste Israels Wiederherstellung ausgegangen sein; die grossen Thatsachen, durch die dies zu Stande kam, konnten nicht ohne ihre Mitwirkung stattgefunden haben. Lehrte die Geschichte, dass sowohl der Tempel als auch die Mauer von Jerusalem vor der Rückkehr der Gola wieder errichtet waren, dann musste diese Geschichte geprüft und berichtigt werden. In erster Stelle musste die Erbauung des Heiligtums als ein Werk der Verbannten dargestellt werden. Über diesen Tempelbau hatte sich aber schon eine Legende gebildet; sicherlich auf Grund der Prophezeiungen des Deutero-Jesaia war die Errichtung des Tempels schon verlegt in die Zeit des Cyrus. Da dem Rechnung getragen werden musste, so wurde die Rückkehr der Verbannten nicht unmittelbar vor den Tempelbau in des Darius zweites Jahr, sondern schon unter des Cyrus Regierung verlegt. Hatte man einmal eine Rückkehr zur Zeit des Cyrus angenommen, dann war damit gegeben, dass auch die Erbauung der Mauer das Werk der Verbannten oder ihrer Nachkommen gewesen war. Weil aber die Geschichte eine Rückkehr der Gola mit Esra berichtete, so lag die Vorstellung nahe, dass, wie die erste Gola den Tempel, diese die Mauer erbaut hatte. Daher ist die Versetzung von Esra 7—10 unmittelbar vor die Erzählung vom Mauerbau Neh. 1.$_1$—7.$_5$ zu erklären. Um ferner darzuthun, dass die Erbauung der Mauer wohl erst von der Gola mit vollem Ernste in Angriff genommen worden war, und nicht Nehemia die Initiative dazu ergriffen hatte, wurde nun von der Mauer ebenso wie vom Tempel, erzählt, dass man mit dem Bau derselben schon lange vor Nehemias Ankunft begonnen hatte. Esras Gola hatte diese Aufgabe übernommen und zum grössten Teile vollbracht, aber ihr Werk war, ebenso wie der Tempelbau im Beginne, von Feindseligkeiten der Nachbarn und durch das Verbot des Königs gestört. Man wollte aber auch der ersten Gola Teilnahme an diesem Werke nicht absprechen; daher erklärt sich die Vorstellung, dass schon sie nach Vollendung des Tempels, zur Zeit des Xerxes und des Artaxerxes, ihr Augenmerk auf dies Werk gerichtet hatte, aber durch die Gegenwirkung ihrer Feinde gehindert worden war, es mit Kraft in Angriff zu nehmen.

Es ist wohl selbstverständlich, dass auch die Überlieferung von der Bildung der Gemeinde und der Absonderung der Fremden zur Zeit des Nehemia und Esra keine Gnade fand in den Augen der späteren Juden, nach deren Herzen der Redaktor seine Schrift zusammensetzte. War schon zur Zeit des Cyrus die Gola nach Palästina gekommen, so konnte die Gemeinde nicht erst ein Jahrhundert später gebildet sein. Darum ist die Erzählung davon (Neh. 9, 10), dadurch, dass sie auf die Einführung des Gesetzes (Neh. 8) folgt, in ein anderes Licht gesetzt, und zugleich die Bildung der Gemeinde, die Absonderung von den Heiden, antedatiert, so dass diese schon zur Zeit des Tempelbaus eine Thatsache heissen konnte (Esra 6. $_{21}$).

Von wie grossem Gewichte für die Juden die Frage nach dem Verhältnis der Gola zur Wiederherstellung Israels war, lehrt auch die spätere Überlieferung. Denn der Chronist ist nicht der letzte gewesen, der von den Ereignissen unserer Periode eine veränderte Darstellung gegeben hat. Das sogenannte dritte Buch des Esra (1 Esdras, LXX), das wir mit Esdras bezeichnen, lehrt uns, dass er Nachfolger hatte. Denn diese Schrift ist allein zu erklären durch die Annahme, dass ihr Esra 1—6 zu Grunde liegt. Wir finden diese Kapitel mit Ausnahme einiger Verse und einer Anzahl abweichender Lesarten, vollständig in Esdras wieder; es sind hier nur die Bestandteile anders geordnet. Dass Esra das Vorbild des Esdras gewesen ist, und nicht umgekehrt, und die Anordnung im letzten Buche abhängig ist von der im ersten, geht daraus hervor, dass einzelne Teile, die in unserem Esra gut verständlich sind, an der Stelle, wo sie in der anderen Schrift vorkommen, Thorheit enthalten. Esdras setzt die Gegenwirkung der Samaritaner (Esdr. 5. $_{63-70}$), die in Esra in die Zeit des Cyrus fällt (Esra 4. $_{1-5}$) in das zweite Jahr des Darius (vergl. Esdr. 5. $_{6}$); da, auch nach Esdr. 6. $_{1}$ (= Esra 5. $_{1}$) in demselben Jahre der Tempelbau nachdrücklich in Angriff genommen wurde, so kann diese Gegenwirkung keine Unterbrechung von erwähnenswerter Dauer zur Folge gehabt haben. Doch ist dies nach Esdras der Fall gewesen: sie verhinderten, so heisst es Esd. 5. $_{70}$, die Vollendung die ganze Zeit des Lebens des Königs Cyrus, worauf die in diesem Zusammenhange höchst sonderbaren Worte folgen: καὶ εἰρχθησαν τῆς οἰκοδομῆς ἔτη δύο ἕως τῆς Δαρείου βασιλείας. Ist es möglich, diese unsinnige Vorstellung, dass die Gegenwirkung der Samaritaner in des Darius zweiten Jahre die

Unterbrechung des Tempelbaus zur Zeit des Cyrus zur Folge hatte, anders zu erklären, als durch die Annahme, dass der Autor von Esdras Esra 4. ₅ abgeschrieben und in einen Zusammenhang gesetzt hat, in den es nicht gehört?[1]) Zu demselben Schlusse führt uns die Bemerkung, dass der Autor in 6. ₄₃₋₄₅, ₅₇ offenbar ganz vergisst, dass die Tempelgefässe, die er hier von Darius an die Verbannten ausliefern lässt, nach ihm selbst schon von Cyrus einer früheren Gola mitgegeben sind (2. ₁₄). Dies ist allein zu erklären durch die Annahme, dass er Esra ı nachgeschrieben hat, ohne sich die da gegebene Darstellung angeeignet zu haben. Aus diesen Gründen kann ich dem, was Howorth zu beweisen sucht, nicht beitreten, dass nämlich Esdras den echten Septuagintatext des Esra enthalten solle und die Anordnung der Bestandteile in dieser Schrift ursprünglicher sei, als in unserem Esra. Diese Behauptung scheint mir auch deshalb besonders unhaltbar, da es klar zu Tage liegt, weshalb in letztgenannter Schrift von der Anordnung der Ereignisse, wie sie Esra giebt, abgewichen ist. Der Schreiber wurde dabei von demselben Gedanken geleitet, der den Redaktor von Esra beseelte: den Tempel durch zurückgekehrte Verbannte erbauen zu lassen. Dies stand auch wohl in Esra; aber nach diesem Buche lag zwischen der Rückkehr und dem wirklichen Beginne des Tempelbaus ein Zeitraum von 16 oder 17 Jahren. So lange war also die Gola unthätig gewesen, infolge der Gegenwirkung der Samaritaner; erst durch die Prophetie des Haggai und Sacharja war sie sich ihrer Bestimmung wieder bewusst geworden. Diese Darstellung behagte dem Autor von Esdras nicht. Der Tempel musste von der Gola gebaut sein; aber die Gola, die schon so lange im Lande verweilt und sich mit der alten Bevölkerung vermischt hatte, war schon keine reine Gola mehr; durch Täuschung und Widerstand gehindert, musste sie ein gut Teil ihres Mutes

---

1) Wie kann Howorth (L. c. p. 174 f) sagen, dass Esra 4. 1–4 in Esdras nicht vorkommt? Diese Stelle findet sich ja 5. 63–70. Auf seine Annahme, dass diese Worte vom Redaktor des massorethischen Textes, nach ihm vielleicht R. Akiba, eingeschaltet seien, brauche ich nicht einzugehen. Sie wird durch nichts gestützt und ist augenscheinlich nur darum vorgebracht, da V. 3 lehrt, dass Scrubabel das Haupt der zur Zeit des Cyrus Zurückgekehrten war, und diese Vorstellung der des Esdras widerstreitet, also auch der Hypothese von Howorth, dass die Darstellung des Esra aus der des Esdras erklärt werden müsse.

und Vertrauens verloren haben; so schien die Vorstellung, dass sie den Tempel erbaut hatte, der Berichtigung zu bedürfen. Das Heiligtum musste erbaut sein von einer Gola, die unmittelbar nach der Rückkehr aus Babel mit frischer Kraft an das Werk gegangen, ihre heilige Aufgabe ohne Unterbrechung verfolgt und endlich glücklich vollendet hatte. War dies der leitende Gedanke des Schreibers, dann begreifen wir seine Disposition der Erzählungen: vorerst fügt er die Erzählung von Darius und den drei Jünglingen ($3._{1}-5._{6}$) ein, die die Tendenz hat, darzuthun, dass in des Darius zweitem Jahre eine grosse Gola, unter Anführung Serubabels nach Jerusalem gekommen ist mit der Absicht, den Tempel wieder zu erbauen. Dieser Gola wird nun zugeschrieben alles, was sich auf den Tempelbau bezieht: nicht auf ihre Vorgängerin, sondern auf sie bezieht sich die Liste der Zurückgekehrten ($5._{7}-_{45}$ = Esra 2); sie hat zu Stande gebracht, was nach Esra das Werk der ersten Gola war: die Wiederherstellung des Gottesdienstes und die Errichtung des Tempels ($5._{46}-_{62}$ = Esra 3). Und ohne Unterbrechung hat sie das Werk zu Ende geführt. Wohl lässt der Autor, gebunden, wie er ist, an die Vorstellung des Esra, auf die Erzählung von der Errichtung des Tempels die von der Gegenwirkung der Samaritaner folgen ($5._{63}-_{70}$ = Esra $4._{1}-_{5}$), aber in der That hat es keine Unterbrechung gegeben: selbst im Jahre ihrer Ankunft hat sie nicht nur den Altar errichtet und den Grund zum Tempel gelegt, sondern auch trotz der Feindschaft der Samaritaner den Wiederaufbau in Angriff genommen und ungehindert damit bis zur Vollendung fortgefahren. Bei dieser Darstellung war von der Gola zur Zeit des Cyrus nicht viel mehr zu erzählen: ganz nach Esra 1 erzählt der Schreiber ihre Rückkehr nach Jerusalem ($2._{1}-_{14}$); damit verbindet er ($2._{15}-_{25}$) unmittelbar Esra $4._{7}-_{24}$, womit er, nach V. 25, zu erkennen giebt, dass diese Gola wohl mit dem Tempelbau begonnen, aber nichts zu Stande gebracht hat. Diese erste Gola ist in Esdras schliesslich zur Unthätigkeit verurteilt; die zweite, der die Ehre, den Tempel erbaut zu haben übertragen ist, hat die erste vollkommen in den Schatten gestellt: Es ist dies eine Folge des Strebens des Schreibers, die Rückkehr der Verbannten und den Tempelbau in engere Verbindung mit einander zu bringen, als es in der Darstellung des Esra der Fall war. So bezeugt auch Esdras, dass es den Juden ein Bedürfnis war, zu glauben, Israels Wiederherstellung sei von der

Gola ausgegangen, und dass dieser Glaube grossen Einfluss aus-
geübt hat auf ihre Vorstellung von der Periode, in der diese Wiederherstellung zu Stande gekommen ist.

Lässt also die Überlieferung über Israels Wiederherstellung
sich leicht aus der Vorstellung, die wir vom Gange der Ereignisse
in dieser Periode erhalten haben, erklären, so wird dadurch das
Ergebnis unserer Untersuchung in nicht geringem Masse bekräftigt.

Berichtigungen.

Seite 5 Zeile 3 v. u. lies l.
„ 6 „ 1 v. o. „ an
„ 6 „ 3 v. o. „ behauptet
„ 11 „ 11 v. o. „ événements
„ 13 „ 1 v. u. „ S
„ 15 „ 4 v. u. „ juive
„ 23 „ 4 v. o. „ 6. 1.
„ 26 „ 3 v. u. „ Esra 1; 3.
„ 28 „ 12 v. o. „ 3. 8—13
„ 30 „ 7 v. u. schiebe „Brandopfer" ein
„ 33 „ 4 v. u. lies Esdras
„ 34 „ 14 v. o. und sehr oft lies Jahwe
„ 34 „ 2 v. u. lies thut
„ 39 „ 2 v. u. streiche doch
„ 40 „ 10 v. u. lies die
„ 41 „ 17 v. o. „ Ribla
„ 42 „ 1 v. u. „ 326
„ 45 „ 8 v. u. „ heisst
„ 49 „ 1 v. o. füge „Esra" ein
„ 49 „ 1 v. u. lies 175
„ 50 „ 11 v. o. „ רֶחֶם
„ 52 „ 11 v. u. „ 3. 1
„ 52 „ 10 v. u. „ Esra 9; 10
„ 53 „ 2 v. o. „ Nch. 1. 1—7. 5.
„ 56 „ 18 v. u. „ 5. 6
„ 57 „ 2 v. u. „ 6. 6
„ 60 „ 1 v. o. „ 4. 1—5
„ 66 „ 4 v. u. „ Nch. 12. 1—7
„ 68 „ 1 v. u. „ 277
„ 71 „ 14 v. u. „ ihnen
„ 74 „ 2 v. u. „ Ἡζαριας
„ 75 „ 19 v. u. „ 8. 2, 9.
„ 79 „ 18 v. o. „ Exod. 23. 19
„ 80 „ 17 u. 18 v. o. lies אֵשֶׁת יְפַת־תֹּאַר
„ 80 „ 6 v. u. lies auf.
„ 81 „ 14 v. u. „ Deut. 14. 22 29
„ 84 „ 14 v. o. „ war Israel
„ 85 „ 1 v. o. „ Lev. 24. 11 u. 16
„ 85 „ 12 v. o. „ m. E.
„ 85 „ 17 v. o. „ die eine Erzählung an die andere
angeknüpft ist.

Verlag von J. Hörning in Heidelberg.

Die

Inclusen in Deutschland

vornehmlich

in der Gegend des Niederrheins

um die Wende des 12. und 13. Jahrhunderts.

Unter besonderer Berücksichtigung

des

Dialogus Miraculorum des Caesarius von Heisterbach

dargestellt

von

Armin Basedow.

1895. Preis 80 Pfg.

Zwei Abhandlungen

über

T. Flavius Clemens Alexandrinus.

Psychologie und Christologie.

Von

Dr. phil. Paul Ziegert

(Breslau).

Neue berichtigte und vermehrte Auflage.

1894. Preis Mk. 3. –

Universitäts-Buchdruckerei von J. Hörning, Heidelberg.